金蝉定律

创业成功的核心秘密

谢 普◎编著

华龄出版社
HUALING PRESS

责任编辑：林欣雨
责任印制：李未圻

图书在版编目（CIP）数据

金蝉定律：创业成功的核心秘密 / 谢普编著 . --
北京：华龄出版社，2021.1
ISBN 978-7-5169-1872-2

Ⅰ . ①金… Ⅱ . ①谢… Ⅲ . ①创业—通俗读物②成功心理—通俗读物 Ⅳ . ① F241.4-49 ② B848.4-49

中国版本图书馆 CIP 数据核字（2021）第 000812 号

书　　名：金蝉定律：创业成功的核心秘密
作　　者：谢　普　编著

出版发行：华龄出版社
地　　址：北京市东城区安定门外大街甲 57 号　　邮　　编：100011
电　　话：010-58122246　　传　　真：010-84049572
网　　址：http://www.hualingpress.com

印　　刷：三河市元兴印务有限公司
版　　次：2021 年 4 月第 1 版　　2021 年 4 月第 1 次印刷
开　　本：710mm × 1000mm　1/16　　印　　张：16
字　　数：250 千字
定　　价：39.80 元

目　录

Contents

定律1　人生短暂，何不出去走走

定律2　扬帆启航，不惧暗礁遍布人生之河

定律3 人生并非机遇，而是一种选择

定律4 目标明确，才能找准方向

定律5 养成好习惯，才会有更好的发展

定律6　改变思维方式，才能改变命运

定律7　忘记“不公平”，走向更宽广的未来

定律8　黑白琴键上的人生旋律

定律9 当一切已不可逆转，不如享受此刻的风景

定律10 人生的价值在于不断进取

定律11 选择对了，才能走得更远

定律12 执行计划，如同人生的导航仪

定律 1

人生短暂，何不出去走走

美丽的风景是需要被发现的

蝉，要先在地下暗无天日地生活三年（有一种美国的蝉，要在地下生活 17 年），忍受各种寂寞和孤独，依靠树根的汁一点点长大。

在夏天的一个晚上，悄悄爬到树枝上，一夜之间蜕变成知了。

然后期待太阳升起的那一刻，它就可以飞向天空，冲向自由。

这就是金蝉定律。

在我们所处的这个纷繁的世界里，没有完美的人，也没有完美的环境。任何一个人都不可能一帆风顺，就如同每天的生活都会经历黑夜和白天一样，如果你不断沉浸在黑暗里，那么就会永远找不到光明，更有很多人会仰望着漫天的星光和皎洁的月光不断哀叹生活的困苦。

其实世界是充满了美丽风景的，即使在茫茫的干涸沙漠中，同样有着让人心仪的美景。黑夜虽然黑暗一片，但是同样有着漫天的繁星和圆缺的月亮，这都是美丽的风景，关键在于我们的心境如何，如果我们仅看到夜晚的黑暗，那自然就无法体会景色的唯美。只有改变自己的心境，才能在各种环境中乐观向上，拥有足够的动力。

苏格拉底是单身汉的时候，原来和几个朋友一起，住在一间只有七八平方米的房间里，他一天到晚总是乐呵呵的。

有人问他："那么多人挤在一起，连转个身都困难，有什么可乐的？"

苏格拉底说："朋友们在一块儿，随时都可以交换思想，交流感情，这难道不是很值得高兴的事儿吗？"

过了一段日子，朋友们一个个成了家，先后搬了出去。屋子里只剩下了苏格拉底一个人，每天，他仍然很快活。

那人又问："你一个人孤孤单单，有什么好高兴的？"

苏格拉底说："我有很多书，一本书就是一个老师。和这么多老师在一起，时时刻刻都可以向它们请教，这怎不令人高兴呢！"

几年后，苏格拉底也成了家，搬进了一座大楼里。这座大楼有七层，他的家在最底层。底层在这座楼里是最差的，不安静，不安全，也不卫生。上面老是往下面泼污水，丢死老鼠、破鞋子、臭袜子和杂七乱八的脏东西，那人见他还是一副喜气洋洋的样子，好奇地问："你住这样的房间，也感到高兴吗？"

"是呀！"苏格拉底说，"你不知道住一楼有多少妙处呵！比如，进门就是家，不用爬很高的楼梯；搬东西方便，不必花很大的劲儿；朋友来访容易，用不着一层楼一层楼地去叩问……特别让我满意的是，可以在空地上养一丛一丛花，种一畦一畦菜，这些乐趣呀，没法儿说！"

过了一年，苏格拉底把一层的房间让给了一位朋友，这位朋友家有一个偏瘫的老人，上下楼很不方便。他搬到了楼房的最高层：第七层，每天，他仍是快快活活。

那人揶揄地问："先生，住七层楼也有许多好处吧！"

苏格拉底说："是啊，好处多着哩！仅举几例：每天上下几次，这是很好的锻炼机会，有利于身体健康；光线好，看书写文章不伤眼睛；没有人在头顶干扰，白天黑夜都非常安静。"

后来，那人遇到苏格拉底的学生柏拉图，他问："你的老师总是那么快快乐乐，可我却感到，他每次所处的环境并不那么好呀？"柏拉图说："决定一个人心情的不是环境而是心境！"

苏格拉底在那样恶劣的环境下依然能够以积极的态度面对生活，每天都在快乐中度过，而在那个人看来，这样的环境别提多糟糕了，如果换作是他，必然早已经无法忍受而气急败坏了。其实这就是幸运者和倒霉者的区别。

一个年轻人听说有个地方有着异常美丽的景色，便离别了家乡，单身来到了这里，在村口他碰到了一个老人，于是年轻人问道："请问这里的景色是不是如传说的那样美丽？"老者并没有直接回答他的问题，而是问道："那你的家乡景色如何呢？"年轻人回答说："很糟糕，我很讨厌那里，所以来到这里看看美丽的风景到底是什么样。"老人说："那你就不用去看了，因为这里的风景和你的家乡一样糟糕。"年轻人失望地走掉了。

后来又有一位年轻人来到这里问同样的问题，老人同样反问："那你的家乡景色如何？"年轻人回答说："我的家乡很美，那里有我思念的家人，有我儿时的乐园，我喜欢那里的花花草草……"老人便说："这里同你的家乡一样美好！"旁人对老人的回答感到很好奇，因为同样的问题他的回答却完全不同，老人解释道："其实你在寻找什么，那么就能够找到什么。"的确如此，当你追求美丽，追求幸运时，那么你所得到的必然也是幸运和美丽，而当你追求倒霉，看不到美景时，那么结果必然如同你所想的一样。

法国著名雕塑家奥古斯特·罗丹曾说："生活中并不是缺少美，而是缺少发现美的眼睛。"其实很多时候，我们所面对的环境和事物，仁者见仁智者见智，乐观的人会认为它们是美好的、美丽的，而自认倒霉的人则会感觉与之格格不入，自然会心生忧郁。所以说世界上到处都是美丽的风景，如果我们带着一双不去发现美景的眼睛，自然就看不到景色的美丽。而如果我们能够端正自己的心态去面对事物，那么即使在一望无际的干枯沙漠中，我们照样能够发现它的壮美和辉煌。

宽度厚度并存，人生才能更精彩

这个世界很大，很精彩，不只总是在自己的小世界里卑微地活着，只有多走走，多看看，才能增加人生的宽度与厚度。

有这么一个实验：往一杯清水里加食盐，开始的时候，食盐快速溶化，甚至很快就肉眼不可见，跟一切都没有发生过一样。但是，如果你一直往里面加食盐，终于有一个时候，食盐不再被水所接纳，这种现象，我们或者直观地认为水里已经装满了东西，不再能接纳任何事物了。但是，奇怪的是，假使你往里面加糖，却可以继续溶解，但是当糖溶解一定程度后，也不再溶解了。

这个实验好比我们的人生，我们的生命正如这一杯水，我们不能改变时间的长度，每个人都有生老病死，在劫难逃，正如杯子的大小决定了水的多少，这是我们不能改变的。但是，我们却可以改变人生的宽度和厚度，正如当食盐也不再溶于水的时候，糖却可以继续溶于水，我们对自己的设限其实很多时候只是我们以为的宽度。

如果说生命的长度一定，那么，生命的体积就完全取决你的宽度和厚度了，比如两只青蛙，一只在井底，一只在田野，虽然他们都以昆虫为食，与水为伴，但是他们生命的宽度就是迥异的，坐在井里那位先生对天空的认识大概只有桌子那么大的一个圆，而他的世界也局限在那一口深井中。如果他说这世界就这么大，有谁能责怪他吗？而生活在田野的那位先生，他能看到无边无际的天空，能看到高山远树，丘陵平原，甚至他还可以去江河里游泳，那么他的生命这宽阔自然与井底那位不可同日而语。

世界上还有这么两种人，一种很薄很宽，但是却一点厚度精度也没有，正如人们常常形容的“样样通，样样瘟”，就是什么都会一点，什么都不精。这种人很宽广，但是却失于肤浅，所以，我们在提拓展人生的宽度的时候，绝不把以完全牺牲厚度为代价；而另一种人呢，他们很专很精，心无旁骛，在工作外的其他方面表现得非常低能。

正如陈景润一样，他能攻克“哥德巴赫猜想”的堡垒，却几乎是个生活白痴。所以，这类天才似的人物，其生命的厚度和精度是让人难以企及的。但是，由于生命过于狭窄，因此，其生命的质量并不高。这两类人离幸福都有一定距离。

如果一个人只有宽度而没有厚度精度，或者只有厚度而没有宽度，那么，他取得的成就就不会太大。也更加难以适应社会，而相对来说，各方面均衡一些的人总会在人生的海洋中游得更加畅快一些。历史上的确有许多天才类的人物，但是，他们的短板使他们毕生都壮志未酬。固然留下许多佳话，但是对于主人公自身，却是一出道不得的悲剧。

李白少年即有奇志，他的诗也非常豪迈，在他的诗中常常有“长风破浪会有时，直挂云帆济沧海”的壮志流露，但是，却由于他自身放荡不羁的缺点，终于做了一个民间的流浪诗人，而与他朝思暮想的建功立业相去甚远。

一天，渤海国使者呈入番书，文字非草非隶非篆，迹异形奇体变，满朝大臣，均不能识。玄宗怒道：“堂堂天朝，济济多官，如何一纸番书，竟无人能识其一字！不知书中是何言语，怎生批答？可不被小邦耻笑耶！”众皆汗颜，正为难间，玄宗想到李白，即召入宫，李白却识得番文，宣诵如流。玄宗大悦，即命李白亦用番字草一副诏。李白欲借此机会奚落高力士，乞请高力士为他脱靴。玄宗笑诺，遂传入高力士。

高力士一直是玄宗身边最亲近之人，官封冠军大将军、右监门卫大将军，渤海郡公，权势熏天，怎肯受此窘辱，只因玄宗有旨，不便违慢，没奈何忍气吞声，遵旨而行。李白非常欣慰，遂草就答书，遣归番使。

高力士对此事一直耿耿于怀，但李白正受玄宗所宠，他不好直接在玄宗面前诋毁李白，继而转向贵妃。一天，高力士与贵妃谈及诗歌，劝贵妃废去清平调。

贵妃道："太白清才，当代无二，奈何将他诗废去？"高力士冷笑道："他把飞燕比拟娘娘，试想飞燕当日，所为何事？乃敢援引比附，究是何意？"贵妃立时变色。原来唐代妇女以丰满为美，贵妃亦不例外，而汉代妇女自皇后赵飞燕始，以纤瘦为美，汉成帝生怕大风把赵飞燕吹走，还专为她建了一座七宝避风台。玄宗尝戏语贵妃道："似汝当便不畏风，任吹多少，也属无妨。"贵妃知玄宗有意讥嘲，未免介意。女人心胸狭窄，贵妃受高力士挑拨，认为李白作诗嘲讽自己体形偏胖，不由得忌恨起李白来。

自此贵妃入侍玄宗，屡说李白纵酒狂歌，失人臣礼。玄宗虽极爱李白，奈为贵妃所厌，也只得与他疏远，不复召入。李白知为高力士报复，亦对李林甫把持的朝廷失去信心，天宝三载，李白恳求还归故里。玄宗赐金放还，李白遂又浪迹四方去了。

历史上像李白这样怀才不遇的人不少，他们往往在某一方面有着惊人的造诣，却也往往有种惊人的性格缺陷。不妨设想一下，以李白之才，倘若具有一点处世智慧，又以唐明皇对他的宠爱，做一任宰相，实现他的政治抱负也不是不可能的事。但是，我们的天才李白在处世的时候太天真，因此，历史上多了一位伟大的诗人，却少了一位卓越的政治家。

对于人生的筹划，其长度是不由我们自己控制的，但是对于人生的宽度和厚道就该相辅相成，不可偏废。当生命以时间为维度向前流淌的时候，其宽度和厚度应该由我们逐渐拓宽掘深，这样，我们的价值才有可能最大限度地体现出来，离幸福也就越近。

除了读书，还要学会“走路”

当下确确实实有一种错误的观点，那就是读书无用论。在一些人看来，古代十年寒窗之后，一举成名便意味着地位和财富，以及由此带来的诸多幸福。但是，曾几何时，即便是天之骄子，也不免毕业即等于失业，而家长为了孩子教育付出的成本与其产出往往并不总成正比，于是便有了种种鄙薄知识分子，看轻知识的倾向。

其实，读书无用论也绝不是当代的新生事物，早在春秋时期，孔子的学生子路就提出过“以此言之，何学之有”的疑问；五代后汉时，大臣们曾吵过一架。一个说：“安定国家在长枪大剑。安用毛锥？”另一个说：“无毛锥则财赋何从可出？”而为毛笔辩护的人却一样瞧不起知识分子；黄巢入长安建立齐朝后，“有书尚书省门为诗以嘲贼者”。结果是“大索城中能为诗者，尽杀之。识字者执贱役。凡杀三千余人”；至于焚书坑儒的事情就更不必说了。新中国成立后，在“文革”时期，也由于有了“知识越多越反动”的错误论断，造成了全民普遍轻视教育，知识分子被视为“臭老九”的奇怪现象。

这么多人都仇深读书，那么，读书真的没有用吗？人们往往拿一些初识文字的企业家来为不读书辩护，言必“某某老板大字不识，难道没你混得好？”这种说法是极不负责任的。首先，时代造英雄，改革开放是一次黄金的机遇，一些人抓住了，并非因为他没有知识才能抓住机遇，而那个时代，人们受教育的水平普遍低，再则，这些企业在生活和工作中，也在不断加强学习，有人见过连申请都看不懂的老板吗？所以说，也许书本知识跟能力无直接关系，但起码，书本知识跟一个人的见识有关系。因为读过书，你的眼界才更加开阔，所谓“秀才不出门，能知天下事就是这个道理”。古人云：“书犹药也，善读之可以医愚”，一个人如果多读点书，提高素养，那么能力会有一个质的飞跃。同等智力水平的人，也是“腹有诗书气自华”。两个人从事同样工作时，成绩一样，一旦工作变得有挑战性，读过书的人就会脱颖而出。读书依然有改变命运的力量，当然，这种力量的显露需要机会，有的人也许得不到这个机会，但不读书意味着机会来了，你都无力把握。

当然，一个人除了要读书，还要“走路”。表面看起来，读书与走路是不太相干的两件事情。但是，把二者放在一起，就有一定的现实意义，也充满辩证法。知识是一片广阔的海洋，没有人能胸怀所有知识，同样，万事万物之理也是随手可拾，但是，却没有一个人能参透所有的真理。正如天下人走天下路，但是却没有一个人能走完所有的路。想想看，造物主赠送给我们每一个人的礼物都一样，是一张一次性的单程船票。握了这张票据，我们便踏上了几十上百年的人生之路。自古以来，在这条绵延的路上有人走得好，有人走得不好。但有一点是共同的，无论是谁，走出一步便少了一程。规则是残酷的。残酷的规则却在走得好的人那里游刃有余。陶渊明扶锄戴笠，耕读传家，步入了人生的至高境界。蒲松龄憎恶科举，寄情聊斋，以读书写书为乐，享誉后世。诗仙李白，浪迹江湖，吟出了书斋里抠不出来的千古佳句。徐霞客一生踯躅山野沟壑，走遍大江南北，他留下的就不仅仅是足迹，而是硕硕的丰功伟绩了。庄子有句名言：“吾生有涯而学无涯。”就因为恪守这句话，聘他为相都不为所动，全身心都用来做学问。于是，作为物质的人，庄子入土为安走了已经两千多年；作为精神的人，汪洋恣肆、宏旨玄妙的庄子却一直长留人间。这样的例子几乎排满了人类的社会发展史。所以说，既然人寿有限，生也有涯，我们就该满打满算，细打细算，尽可能去享受到生命的全部内容，把一生的路走稳走好。这样，读书便和走路紧紧牵扯在了一起。

在春秋时代，楚国的俞伯牙，跟随着名师成连学习弹琴。成连看他天分极高，便倾囊相授，经过了三年的苦学，伯牙的琴艺已经尽得了师父的真传了。可是弹起琴来，总觉得琴声中还缺少了点什么。伯牙为了这个瓶颈，感到非常的苦恼。他知道如果这一关冲得破，他便是一个杰出的妙手，否则，充其量只不过是一个乐“匠”而已呀。有一天成连跟他说道：“伯牙啊！你所少的只是那么一点儿神韵啊！但这是一种境界，是无法言传的。我的师父方子春，住在东海的蓬莱岛上，他可以帮你，我们一起去请教他吧！”

于是师徒两人来到了海上的蓬莱岛，这时成连因为要去别处接方子春回来，便命伯牙在岛上等着。伯牙一个人在孤岛上，开始时只能在海边踱来踱去，焦急地等待着师父回来。但是慢慢地，在每天的日升月沉、潮起潮落之中，他沉静下来了。有一天，他觉得有满怀的心事，要和大海谈一谈。于是便抱着琴来到了海边，缓缓地拨动着琴弦。只听见琴声随着海风，或缓或急，海浪也随着琴声，或高或低，在和整个大自然的互动应和中，不知不觉，所有的一切都消失了，只剩下如天籁般的乐声，时而激昂，时而低沉地充满在整个天地间。一曲终了的时候，这时他领悟到：原来整个大自然的造化，是这样充满了智慧啊！怎么样才是最美的，最好的，他就是那样的呈现。在冥冥中，到底是什么样的手，在推动着这一切呢？

这时的他弹起琴来，只觉得天人合一，悠游自在，而在岛上酝酿多时的乐曲《水仙操》也谱成了，当他正忘我地弹奏着《水仙操》时，只听见背后传来一阵爽朗的笑声，原来是师父成连回来了！成连笑吟吟地对他说：“伯牙啊！这伟大的自然，已经开启了你的无边智慧，何需要子春太师再来画蛇添足呢！”这时伯牙才知道，原来这里根本就没有“太师父”这个人哪！

世上的书分两种：有字之书和无字之书。“读万卷书”，说的是读有字的书；“行万里路”其实说的也是读书，但读的是无字的书。前者也可以理解为理论，后者当然就可以理解为实践了。理论可以指导实践，但不能代替实践。既读有字之书，又读无字之书，坚持理论和实践相结合，就像鲁迅说的，从天下万事万物而学之，用自己的眼睛去读世间这部活书。到了这个分上，就又比常人不知高明了多少倍。

世上所有的美好莫过于此：微风在后，阳光在前，好书在手，朋友在旁。学问就是路，脚下就有学问。

站在高处，才能领略不一样的人生

人生总是向上的一个过程，从我们懂事开始，总会有一定的追求：一颗糖、一张奖状、一个很好的职位，一部好车等。所以，人生从来不是停滞不前的。古人云“求其上者得其中，求其中者得其下”，如果只是追求随遇而安，也许眼前的安逸也保不住。

要看到更美的风景，要领略更精彩的人生，要开启更大的视野，就要走更远的路，站在更高的地方。“欲穷千里目，更上一层楼”，不仅是一个浅显的生活常识，也是一种积极向上的精神境界，更是一种豁达潇洒的人生态度。它告诉我们：在人生道路上，要站得高些，更高些，才能真正领悟到生命的精彩。如果甘于平庸，过着琐碎的生活，处在境界的底层，将会错过生命中很多优美的风景。

在《庄子·秋水》里记载着这样一位短视的河伯，秋天的雨水应时而来，众多大川、小溪的水都灌注到了黄河，径直流畅的水流加宽，两岸与河中沙洲只见，连牛马都分不清。于是河伯欣然自得、沾沾自喜，认为天下的壮美都聚集在自己身上。他顺着水流向东而去，来到北海边，面朝东望去，看不见水的尽头，于是合身改变自己先前洋洋得意的脸色，抬头仰视着，叹息着说：“俗语说，‘听了上百条的道理，认为天下谁都不如自己’，说的就是我啊！”

这位河伯可以说是一位短视的神，但是，当他看到海洋的时候，能幡然省悟，认识到自己距离伟大和崇高的距离非常远。而有的人，永远是井底之蛙，跳不出自己的世界，自然谈不上让自己更上一层楼了。在明代有一位才子叫唐伯虎，他少年成名，在比绘画方面表现出超常的天赋，他拜入当时的大画家沈周的门下学绘画，因为天赋较高，加上刻苦，他的绘画功夫突飞猛进，因此也得到了老师的赞扬。但是，由此他也产生了骄傲的情绪，不免有一些自得，沈周看在眼中，记在心里，一次吃饭，沈周让唐伯虎去开窗户，唐伯虎发现自己手下的窗户竟是老师沈周的一幅画，唐伯虎非常惭愧，从此潜心学画。当然，最后他成了一位大画家。唐伯虎的问题不在于他是不是有天赋，是不是努力，而在于他的自满。因此，可以说是不知道天高地厚，当他明白了老师用心后，知道山外有山，学无止境的道理，能够潜心学画，也是非常难得的。比较起来，倒是现实生活中有不少人小富即安，洋洋自得，这类人除了逢人炫耀一番，实则是没有大出息的。

荀子在《劝学篇》里写道："吾尝跂而望矣，不如登高之博见也。登高而招，臂非加长也，而见者远；顺风而呼，声非加疾也，而闻者彰。"可见登高能给人以宽广的视野和开阔的胸襟，对于人全面而客观地去看待问题，无疑是一种极大的助益。为此，人类从来没有停止地向顶峰的攀越。珠峰每年都有许多人去征服它，但这是可见的，现实中的山，而生活中却有许多高峰，等待每一个人去征服。

怎样才能"更加一层楼"，马不停蹄地去征服下一个高峰呢？登高之路，虽然可能会有捷径，也许吧！到罗马的路很多，但绝对没有幻想这条路。任何成绩都离不开踏实地进取。正如古谚语中所说"书山有路勤为径，学海无涯苦作舟"，没有事前的积累和拼搏，大自然怎么会那么轻易地把美好景致相送呢？站在低处，虽不劳力而省心，却恐怕永远只能待在自己狭隘的世界里做着夜郎自大的迷梦，如同坐井观天的青蛙般可笑，从而错过世间的万千风景。而若我们心中能藏有一个"欲穷千里目"的追求，哪怕付出再艰辛的努力和代价，当不断地"更上一层楼"而达到巅峰的位置时，这种境界自是不足为井底之蛙们知道的。

有人认为，人生的登高需要登山队员一般的强健体魄。其实不尽然，只要有一颗足够坚强的内心和一个永远向上的信念，任何人都能达到自己能力的巅峰。

多少年来，无数贤达先驱，为了一个"登高望远"的理想，不断开拓不断奋进。可以说，整个世界都因为人类不断地进取而格外地饱含生机和活力。"会当凌绝顶，一览众山小"，景致或许能够用视野穷尽，但不断进取之路却是永无止境，这大概也是我们不断探寻登高之道的原因吧！

看得见远方，更要看到脚下

我们生而为人，既是匆匆过客，也是笃定的行者。冥冥之中总会有一种力量牵引我们前行，我们含笑走过生命中的山一程水一程，风一更雨一更，都只是因为：心系远方，而通往远方的路，就在脚下。

汪国真说："既然选择了远方，便只顾风雨兼程。"远方于我们，既是奋然前行的动力，也是难以企及的虚渺。一旦远方已被内心圈定锁紧，这一程，没有艰难险阻牵绊脚步，没有凄风苦雨淋湿衣衫，生命便算不得完满，远方，便也失去了其存在的意义。纵然会从惊蛰一路走到霜降，从龟兹一路辗转到长安，也要坚定一意孤行的执念，像鸠摩罗什一般，用枯瘦却有力的手指写下亿万言经卷，用风雨兼程的笃定让生命萦满檀香，让远方不再遥远。

漫漫人生路上，我们或许探不到将来的种种未知，但只要心系远方，再远的地方也会有遮不住的青山隐隐为我们相守；我们或许行不尽路上的种种坎坷，但只要路在脚下，再多的艰难我们也会在见到流不断的绿水悠悠之后得以释然。诚如海子言："我要做远方忠诚的儿子和物质短暂的情人。"世间多纷扰，谬赞诟病有之，微利虚名有之，但只要胸怀青云之志，心系远方之美，这些又何足以称为"拦路虎"，喝令我们停滞不前？于喧喧复嚣嚣之中，我们的选择，当是"贴着黄土慢慢行走"，坚信"心系远方，路在脚下"，便可于默然却奋然之中达于心之所向，让世俗的聒噪在我们的努力面前化为肃然起敬时的鸦雀无声。

就像法国诗人兰波说的那样："生活在别处。"在这个"信仰失落，情感缩水，文化粗鄙”的时代里，心系远方已然成为与名利纠缠不清的人们中珍稀如珍珠的品质。然而较之那些只知倾轧排挤他人不知使自己前进的无知者，更可怕的无疑是那些空谈理想却不付诸行动的白日做梦者，他们以为远方就如百年人生一样可以一眼望却，便让生命消耗在无尽的痴想中，他们忘了：心系远方诚然可贵，但路在脚下，踏实付出才更为可贵。

生而为人，我愿做一个笃定的行者，心系远方，不求解脱，路在脚下，始于此刻。

趁着年轻，多走出去看一看

旅行的高度是由你欣赏的目光决定，旅行的深度是由你的心灵决定，不是用金钱和时间来衡量的。如果你钱不多，时间不够，那也只是限制了旅行的长度和舒适度，但不会阻碍你去认识这个世界，发现新的事物。

有人说年轻有资本，有时间。而事实往往是，年老了才有资本和时间。要知道，很多人说退休了就去环游世界，是因为在那个时候才有足够多的资金和闲暇去实践。而大多数人在年轻的时候，都是没有足够的空余财力在不影响到正常的生活消费的情况下去支撑他们到处旅游的。预算多的不说，至少几千元还是需要的，这对于还没工作或者刚刚毕业工作薪水不高的人来说都是有很大压力的。

而对于有些经济实力的年轻人来说，他们忙于工作，根本没有空闲时间去旅游。你问他们想不想去各地旅游啊？当然想啊！然而每天都要干活。一年到头只有一个月的假期，还要回家和家人团聚。所以很多时候，并不是不想出去走一走看一看，而是他们觉得，在本该奋斗的年纪，到处游玩是在挥霍自己的时间。

因为在我们看来，旅行需要花掉不少钱。但旅行不是日常消费，只要及时地做出计划，你可以有较长的时间来做资金准备，所以，至少一年一两次的旅行，并不会有太大压力。当行走的阅历逐渐沉淀出你的气质，拓展了你的视野，你会明白，旅行绝对是最有用的投资。

不管什么事，不要等到老了再去做。很多人都想着等自己有钱了再去做想做的事情。等有钱了就再去旅行，再去自己想去的地方。等你有钱了，那你还有空余的时间吗？

未知的事情太多了，有想法就要多去旅行，不要说没有钱。我们平时努力工作挣钱，不就是为了过更有品质的生活吗？不要等到老了，才发现自己的这一生，除了朝九晚六的工作和平淡无期的生活，别无波澜。

有的人会说，日子过得不是很富足，有什么资格谈旅行，把旅行的钱拿来生活多好。这样的观点当然是错误的，因为旅行就是生活。还有，旅行也不是有钱人的消遣，它适合有钱没钱的你。你可以根据自己的实际情况来制订旅行计划。有时候，我们宁愿拿钱买一大堆零零碎碎的没什么用处的东西，也不愿意计划一笔钱作为旅游资金。

更何况，旅行本身是没有穷富可言的，每一次旅行的重点不是花了多少钱去购物或是住了什么样的酒店。而是你在旅行路上的感受，你遇见的人，你遇见的事，沿途经过的风景给你带来的愉悦。

在人生的路上，活出自己的精彩

心理学中有这样一个效应，叫作“他人意志”效应，什么意思呢？就是说，当一个人在心里已经决定一件事儿或是对一件事情已经有了一个较为清楚的认同后，当他身边的朋友超过半数都和他意见相左时，他便会改变自己的想法，甚至是行为。但事实上，他们原来的看法才是正确的，由此我们不难看出，坚持自我也是很重要的事情。

坚持自己的主见，对于我们来说格外重要，为什么呢？还是因为人都是感性的，有时候自己已经做好的决定，因为别人的几句话就会轻易改变。对大多数人来说，做决定难，坚持自己的决定更难。过于自信是自负，但是盲目听从他人的意见就是糊涂，虽然，有些时候，你的决定会被大多数人否定，但对你自己而言，却都是根据自己的情况而判断出来的。毕竟，最了解自己的人只有你，更何况真理源自少数人，之后才会被多数人所接受，与其人云亦云，不如坚持自己的决定，做一个少数发现真理的人！

很多人因害怕失败，不愿意承担失败的责任，因而更容易被他人的意见左右，但如果，你做什么事情都要他人点头认同，那你的事情通常就会像尘土一般，绝不会有什么大作为或是成就。

所以说，与其做一粒微尘不如放手去活一回，做一个走自己路的人。虽然生活中，你所要扮演太多的角色，很不容易，也很辛苦；虽然在这样的情况下，你渴望有一个人来给你指引方向，但你也要知道，别人的意志始终代表不了你的想法，与其让自己辛苦地活在他人的意愿之中，不如活在自己的想法之中。做一个走自己的路的人，你所需要面对的事情有很多，最重要的一点就是，一定不能人云亦云，要理性对待周围人的意见。

这一点尤其是对于在职场中打拼的我们而言尤为重要，拥有主见的你更容易获得上司的赏识，也会在自己的奋斗中收获同事们的肯定与尊重。对于职场中的你我而言，主见对你来说就像是汽油之于汽车，有了它你才能更好地驰骋在人生之路上，才能让你的上司清楚地知道你的能力，才不会被同事利用成为替罪羊，才能赢得同事们对你的信任和尊重。

孟晖最近大学毕业了，现在他和很多毕业生一样，忙着找工作。幸运的是，没过多久，他就在一家国企找到了一份工作。他奉行不耻下问的原则，谨慎认真地对待每件事情，几乎所有的工作他都要咨询一下身边的同事，刚开始同事们处于对新员工的关照还会积极地解答孟晖的疑问，但没过多久，孟晖就发现，同事们都有意无意地躲避他的问题，而上司对他的看法也有所转变，安排给他的工作越来越少。

面对这样的情况，孟晖有点不知所措，回家后心情很不好，他的母亲看出了他的变化，就询问孟晖是不是工作不顺利。于是，孟晖就把这几日所遇到的事情告诉了母亲，母亲说："这都是因为你缺少自己的主见造成的，你这样事事都依赖同事，一来会让他们看轻你的工作能力，二来也会影响你在公司的地位。所以啊，你应该尝试着自己去完成工作，而且现在你也走入社会了，你也应该知道，职场中的争斗也是很恶劣的，你只有有了自己的主见，按照自己的想法去做事情，才能避免走入他人为你设下的误区，也才能在上司面前更好地发挥自己的长处，展示自己的优点。"

孟晖听着母亲的话，心领神会。于是，从第二天上班起，他就开始努力改变自己依赖人的坏习惯，并积极地独立完成上司分配给自己的工作，在公司例会上再也不会人云亦云，而是大胆地将自己的想法说出来。不仅工作能力得到锻炼，而且还给上司留下了非常好的印象，加上孟晖一向一丝不苟的工作精神，不出一年，他不仅提前转正还被提升为项目小组的组长。

其实，生活中，很多人在最初的就业阶段都会遇到如孟晖一样的问题，他们大都很聪明，是父母眼中懂事的孩子，对自己的要求很高，渴望能够在自己的工作范围中脱颖而出，但又惧怕尝试，害怕做错，习惯了事事询问他人的意见，依赖性也很强，总是渴望能够听从经验之谈，却完全忽略了自己的决策能力和思考能力。长此以往，他们很容易在工作中成为他人的配角，辛苦的工作得不到应有的回报反而成了为他人做的嫁衣，无法实现自己原始的理想与抱负。

我们要有自己的主见，尽管听从他人的经验之谈有时可以让你少走弯路，但那只发生在少数事情上，如果你事事都人云亦云，踏着别人的脚印前进，不仅会丧失生活的能力，还会掩埋自己的光亮，让自己生活得庸庸碌碌。

现实中，如果你想要在事业上有所成就，在生活中挣破“弱势群体”的束缚，就一定要有自己的主见。或许，你的力量、独立性都比其他人差一点，但你依旧要坚持自己的原则，过自己的生活。

要做有主见的人，独立面对生活、工作中的事情，坚持自己的观点，如果你已经思前想后，权衡利弊，那么，走你的路让别人说去吧。即便你可能会因此失去所有，但你也用自己的力量证明给所有人看，你是一个独立、有主见的人，你完全有能力以自己的能力去创造属于自己的幸福。

做一个敢于走自己的路的人，独立地决定自己的事情，为自己的生活喝彩，这样，你会赢得更多的快乐与成功，收获幸福的人生！

定律 2

扬帆启航，不惧暗礁遍布人生之河

思路决定出路

一个名叫王淑梅的东北女孩，高中毕业后来到北京的一家餐馆打工，当服务员，月薪不到一千。从偏僻的乡下来到大都市，王淑梅看什么都觉得很新鲜。有一次，王淑梅看见公园里一群扭秧歌的老人。对于扭秧歌，她倒是不觉得新鲜。在东北老家，王淑梅见多了扭秧歌的乡邻。

让王淑梅感到新鲜的是：那帮扭秧歌的老人，秧歌扭得也太“菜”了！

老人为了健身与解闷，大家聚在一起耍耍而已。一般人看到这些没水准的秧歌爱好者，或是无动于衷或是笑笑而已，但王淑梅看到的却是一个“金矿”。王淑梅觉察到了里面的“商机”。

2004 年 6 月，王淑梅辞掉了餐馆的工作，回东北老家系统地学习了扭秧歌。2005 年，学会了原汁原味的扭秧歌的她，重新来到了北京。这次，不再是端盘子的餐馆服务员，而是活跃在公园里的扭秧歌教练。很快，有了一定积蓄的王淑梅就开始租用场地进行扭秧歌培训。她不单自己教扭秧歌，还聘请几个在扭秧歌方面很专业的老乡，把自己的扭秧歌培训班做得红红火火，学员中甚至还有不少外国人。

现在，王淑梅已经“款象”初现，不仅有房有车，还在东城区买了一处废弃的大厂房，准备办一所大型“扭秧歌培训学校”。对于她来说，现状与未来，都是如此的美好。

京城里的老大爷老大娘扭秧歌太“菜”，很多人都看见了、发现了。王淑梅的眼光却与众不同，她不仅看见了事件本身，还看见了这件事中的机会。她不仅仅看到了机会，还想到应该如何去抓住机会。

看到才能想到，想到才能做到。一个人要想将事业做得多大、多好、多精，首先要看他的眼界有多宽、多远、多深。人生需要大视野。一个人的眼界，决定了他成就的境界，目之所及的地方，也是他成就的极限。其次，要看他的方法是否正确。思考的路径与方法——也就是“思路”，对出路起着决定性的作用。在现代社会里，每个人都在想尽一切办法解决生活中的问题，而最终的成功者只属于方法最得当的那些人。

眼光有多远，成就就有多大

先贤庄子曾经说过一个这样发人深省的故事：

在宋国，曾经有一家人以漂布为生。漂布人将布匹放在染料中染色，再在冷水中漂洗。这样的工作单调乏味并且辛苦。特别是冬天，冰冷的水总是将漂布人的手弄得皲裂，疼痛难忍。但这家人的祖上在长期的工作实践中，发明出了一种油膏，冬天涂在手上能够令人的手不生冻疮、皮肤也不会皲裂。正是这个家传秘方，使这家人世世代代平安地经营着漂布生意。有路人听说这家人有此秘方，提出用 100 两金子来买他们的秘方。100 两金子是一笔巨款，漂布人家非常高兴地答应了。路人买到了秘方后，拿着秘方去南方求见吴王。吴越地处海疆，守卫国土，主要靠水兵。而水兵因为长期与水打交道，在冬天也容易因生冻疮而影响战斗力。吴王听说来者有此秘方，大喜，让其做了吴国的水兵统帅，替吴国练兵。到了冬天，吴越两国发生了水战，吴国的水兵涂了不皲之药，不怕冷，不生冻疮，结果打败了越国，此人因之立了大功，割地封侯。

同样一个不生冻疮、避免手皲裂的药方，有人用 100 两金子买来后成就了封侯拜将的目标，而发明这个药方的那家人却还是世世代代给人家“漂布”。由此看来，同样一件东西，人的眼界不同会造成运用不同，运用不同又造成成就的高低。“做大生意人的眼光，一定要看大局。你的眼光看得到一省，就能做一省的生意；看得到天下，就能做天下的生意；看得到国外，就能做全世界的生意。”这是大商人胡雪岩曾经说的话。其实何止是做生意，做什么事情都要求视野开阔、目光深远。

一个人视野开阔，能避免走入“漂布人”式逼仄的人生格局，将自己的才干、能力与机遇充分利用。此外，视野开阔的人还能博采众家之长补己之短，亦能知己知彼。那些眼界窄、闭门造车的人，不但学不到新东西，还易增长骄惰之气，易失去良好的机遇。

视野开阔还只是一个成大事者的一面。凡成大事者，眼光莫不深邃远大。平常人认为平常之事，成大事者往往能看出平常外表下所掩盖的机会或危险。

建宁王李琰是唐肃宗的儿子。此人文武双全，深得肃宗的喜欢和军中将士的爱戴。有一回唐军东征，肃宗觉得李琰是兵马大元帅的理想人选，有意让李琰来担任兵马大元帅。

丞相李泌知道后，对肃宗说：“建宁王确实很有才能，无论从文从武上说，这次东征的元帅应当非他莫属，但是有件事您不要忘了，他还有一个哥哥广平王呢。您把全国的主要兵力都由建宁王带走，他又有很高的名望，那广平王会很不舒服的。如果此次东征失利，那也罢了，如果大获全胜，凯旋而归，建宁王和广平王谁轻谁重，天下人都会了然于胸了。”肃宗摆手道：“先生大可不必为此担心，广平王乃是我的第一皇子，将来立为太子继承帝位是一定的，他不会将一个元帅的位置看得很重的。”

李泌回答：“皇上所言极是，可目前广平王尚未被立为太子，外人也都不知道您的想法。再说，难道只有长子才能立为太子吗？在太子未立之时，元帅之位就为万人所瞩目。在世人眼中，也就是谁当了元帅，谁就最有可能成为太子。假如建宁王当了元帅并在东征中立大功，到了那时，陛下您即使不想让他当太子，建宁王自己也不想当太子，可是，那些随他建功立业的将士们难免会蛊惑他登位，特别是您的封赏若稍有差池，他们更有可能借机实行兵变，拥立建宁王为太子，到时形势所逼，建宁王怎能推却？我朝初年的太宗皇帝和太上皇帝玄宗的例子，不就是前车之鉴吗？”

李泌的一席话，使肃宗恍然大悟，于是下令任广平王为天下兵马大元帅，挂印东征。

身为丞相的李泌，通过唐初的玄武门事件，很快洞悉到如果任命建宁王为兵马大元帅，将来极可能会引起宫廷政变。他超强的洞察力使得一场潜在的纷争化为无形。

高明的棋手，能以长远的目光来纵观全局棋势，能看出后面许多步棋的走法。当然，“棋艺”的高明不是天生的，而是靠后天辛勤练习、观察和思考培养出来的。那些走一步算一步、只看眼前利益的人，若不懂得拓宽与拓深自己的视野，就很难在纷繁复杂的社会局势中获得机会。

付出行动，加以坚持才能有回报

一个冬天的傍晚，山南的狗熊和山北的兔子在雪地艰难觅食时碰面了。在饥寒交迫中，它们诅咒着残酷现实，并描绘了各自美好的未来。

“再也不能这么过了，”狗熊有气无力地说，“冬天一过，我就要种一亩玉米，到秋天准能收获很多玉米棒子，我把这些玉米棒子挂在山洞里存起来，就不会在来年的冬天再这么狼狈了。”

“再也不能这么过了，”兔子无精打采地说，“冬天一过，我就要种一亩胡萝卜，到秋天准能收获很多胡萝卜，我把这些胡萝卜藏在地窖里存起来，就不会在来年的冬天再这么痛苦了。”

又一个冬天到了，山南的狗熊和山北的兔子再次在雪地重逢。狗熊没提种玉米的事，兔子也没说种胡萝卜的事，它们只是礼节性地打了个招呼，便各自四处觅食。原来，狗熊在春天成天在山上忙着采食鲜美的蜂蜜，种玉米的事儿早就被它抛在脑后；兔子在春天倒是下了胡萝卜的种子，但夏天却懒得在太阳下给胡萝卜苗浇水，结果胡萝卜苗全旱死在田里。

狗熊和兔子都想到如何让自己过冬的办法，但要么没有采取实际的行动，要么没能坚持做下去。它们注定又要遭受一次饥寒交迫的煎熬。

在我们的日常生活中，也有不少“狗熊式”与“兔子式”的人。“狗熊式”的人大嚷大叫地要干什么事，但却总不见行动，到头来只不过是自己欺骗自己。“兔子式”的人做事却有始无终，坚持不到最后，令先前的想法与工作毫无意义。

有了好的想法，就要去实践。有道是“万事开头难”，但开头之后坚持下去也特别的困难。开始做一件事情，往往靠信心和决心；而事情一旦开始，要有始有终就需要靠耐心和恒心了。有的人做事之初信心满满、斗志昂扬，一段时间后就渐渐觉得厌倦，加上事情并不是一帆风顺，慢慢地就在这样那样的困难或干扰中停下了脚步。结果做事情半途而废，行百步者半九十，说的就是这个道理。

古人云："唯有埋头，才能出头。"种子如不经过在坚硬的泥土中挣扎奋斗的过程，它将只是一粒干瘪的种子，而永远不能发芽成长为一株大树。

许多有抱负的人大多忽略了积少成多的道理，一心只想一鸣惊人，而不去做埋头耕耘的工作。等到忽然有一天，他看见比自己开始晚的、比自己天资差的，都已经有了可观的收获，他才惊觉到自己在这片园地上还是一无所有。这时他才明白，不是上天没有给他理想或志愿，而是他一心只等待丰收，可是忘了辛勤耕耘。

饭要一口一口吃，事要一件一件做。"九层之台，起于垒土。"一砖一木垒起来的楼房才有基础，一步一个脚印才能走出一条成形的道路。

如果将一个人的追求目标比作一座高楼大厦的顶楼，那么一级一级的阶段性的目标就是层层阶梯。这个比喻浅显易懂，但不少人却忽视了这一循序渐进的"阶梯原则"。高尔基在同青年作家的谈话中说："开头就写大部头的长篇小说，是一个非常笨拙的办法。学习写作应该从短篇小说入手，西欧和我国所有最杰出的作家几乎都是这样做的。因为短篇小说用字精练，材料容易安排、情节清楚、主题明确。

"我曾劝一位有才能的文学家暂时不要写长篇，先学写短篇再说，他却回答说：'不，短篇小说这个形式太困难。'这等于说，制造大炮比制造手枪更简便些。"

高尔基讲的就是循序渐进、一步一个脚印的道理。建造一幢大楼，要从一砖一瓦开始；绳锯木断、水滴石穿就在于点点滴滴的积累。阶段性目标虽然慢，却始终向上攀登，而每个小目标的胜利总给人鼓舞，使人获得锻炼、增长才干。

台湾作家郭泰所著《智囊100》中讲了一个有趣的故事：有个小孩在草地上发现了一个蛹。他捡回家，要看蛹如何羽化成蝴蝶。过了几天，蛹上出现了一道小裂缝，里面的蝴蝶挣扎了好几个小时，身体似乎被什么东西卡住了——一直出不来。小孩子不忍，心想："我必须助它一臂之力。"所以，他拿起剪刀把蛹剪开，帮助蝴蝶脱蛹而出。但是蝴蝶的身躯臃肿，翅膀干瘪，根本飞不起来。这只蝴蝶注定要拖着笨拙的身子与不能丰满的翅膀爬行一生，永远无法飞翔了。

这个故事说明了一个道理，每一个事物的成长都有个瓜熟蒂落、水到渠成的过程。这一过程也就是一步一个脚印的过程。相反，欲速则不达。

远在半个世纪以前，美国洛杉矶郊区有个没有见过世面的孩子，他才 15 岁，却拟了个题为《一生的志愿》的表格，表上列着："到尼罗河、亚马逊河和刚果河探险，登上珠穆朗玛峰、乞力马扎罗山和麦特荷恩山，驾驭大象、骆驼、鸵鸟和野马，探访马可·波罗和亚历山大一世走过的路，主演一部'人猿泰山'那样的电影，驾驶飞行器起飞降落，读完莎士比亚、柏拉图和亚里士多德的著作，谱一部乐曲，写一本书，游览全世界的每一个国家，结婚生孩子，参观月球……"他把每一项都编了号，一共有 127 个目标。

当他把梦想庄严地写在纸上之后，他就开始循序渐进地实行。16 岁那年，他和父亲到佐治亚州的奥克费诺基大沼泽和佛罗里达州的埃弗洛莱兹探险。从这时起，他按计划逐个逐个地实现了自己的目标，49 岁时，他已经完成了 127 个目标中的 106 个。这个美国人叫约翰·戈达德。他获得了一个探险家所能享有的荣誉。前些年，他仍在不辞艰苦地努力实现包括游览长城（第 49 号）及参观月球（第 125 号）等目标。

一步一步地前进，一块一块地捡砖头，贵在每天做，难在坚持做。人要耐得住寂寞，才不会因收获不大而心浮气躁，不会为目标尚远而动摇信念。抗得住干扰，顶得住压力，不因灯红酒绿而分心走神，不为冷嘲热讽而犹豫停顿，专心致志、坚定不移。

无论一个人有多聪明，如果没有坚韧不拔的品质，他就不会在一个群体中脱颖而出，他就不会取得成功。许多人本可以成为杰出的音乐家、艺术家、教师、律师或医生，但就是因为缺乏这种坚韧不拔的品质，最终一事无成。

坚韧不拔的人从不会停下来想想他到底能不能成功。他唯一要考虑的问题就是如何前进，如何走得更远，如何接近目标。无论途中有高山、有河流还是有沼泽，他都会去攀登、去穿越。而所有其他方面的考虑，都是为了实现这个终极目标。对于一个不畏艰难、一往无前、勇于承担责任的人，人们知道反对他、打击他都是徒劳的。

再冷的石头，坐上三年也会暖。歌德曾这样描述坚持的意义："不苟且地坚持下去，严厉地鞭策自己继续下去，就是我们之中最微小的人这样去做，也很少不会达到目标。因为坚持的无声力量会随着时间而增长，从而达到无可抗拒的力量。"

走自己的路，让别人说去吧

有一则寓言，说的是一群动物举办了一场攀爬埃菲尔铁塔的比赛，看谁先爬上塔顶谁就获胜。很多善于攀爬的动物参加了比赛，更多的动物围着铁塔看比赛，给它们加油。作为比赛的裁判，老鹰早早地飞上塔顶。比赛开始了，所有的动物没有谁相信参赛的动物能够到达塔顶，它们都在议论："这太难了！它们肯定到不了塔顶！"听到这些话，一只又一只的参赛动物开始泄气了，除了那些情绪高涨的几只还在往上爬。观赛的动物继续喊着："这个塔太高了！没有谁能爬上顶的！"越来越多的参赛动物退出了比赛，最后只有一只蜗牛还在越爬越高。

最后，那只蜗牛费了很长的时间，终于成为唯一到达塔顶的胜利者。夺冠的蜗牛下来后，赢得了很多的掌声。有一只小猴子跑上前去，问蜗牛哪来那么大的毅力爬完全程。谁知道蜗牛一问三不答——原来，这只蜗牛是个聋子。

这个寓言要表达的意思是：不要轻易地被别人的指指点点妨碍了自己前进的脚步。美国人巴士卡利亚小时候，人们常常告诫他，一旦选错行，梦想就不会成真，并告诉他，他永远不可能上大学，劝他把眼光放在比较实际的目标上。但是，他没有放弃自己的梦想，不但上了大学，还拿到了博士学位。当他决定抛弃已有的一份优越的工作去环游世界时，周围人说他最终会为此后悔，并且拿不到终生教职，但是，他还是上了路。结果，回来后他不但找到了一份更好的工作，还拿到了终生教职。当他在南加州大学开办"爱的课程"时，人们警告他，他会被当作疯子。但是，他觉得这门课很重要，还是开了。结果，这门课使他改变了一生。他不但在大学中教"爱的课程"，还到广播电台和电视台中举办爱的讲座，受到美国公众的欢迎，成为家喻户晓的爱的使者。他说："每件值得做的事都是一次冒险。怕输就错失冒险的意义。冒险当然会有带来痛苦的可能，可是从来不会去冒险的空虚感更痛苦。"

1987 年，周星驰还是在跑龙套中挣扎。这一年，他得到了一个不同于以往的配角：终于在万梓良、郑裕玲主演的《生命之旅》中演上了大配角。虽然还是配角，但有了一个"大"字。在拍剧休息时，心存梦想的周星驰和主角郑裕玲闲谈。谈及自己的前途，周星驰问对方自己是否会走红，结果郑裕玲说了一句："你不会红。"由于当时周星驰已经被很多人看扁，但这回被人当面说出来，周星驰不伤心是不可能的。一次又一次打击，难道不会心生绝望？周星驰是这样回答的："我不从绝望的角度看事情。"次年，周星驰主演《霹雳先锋》，一炮走红。

和周星驰一样，当成龙还是陈港生时，且不得不低声下气地去为自己争取更好的机会。成龙在龙套中一跑就是很多年，他没有任何说话的权利，总之就是导演叫他做什么，他就一定要做什么。有一次，在他拍摄一部古装武侠戏的时候，戏里边剧情要求有三个女人都喜欢他。但是当时担任主角的一位著名女演员，坐在一边跟导演讲风凉话，说："我怎么会喜欢他？大鼻子、小眼睛，多让人讨厌啊……"一听到这话，成龙的心很受伤，但外表还要装作若无其事的样子，不停地鞠躬。一定等着她站起来先走，自己则退后让路后走，一副谦恭的样子。如要哭，也只有在一个人的时候才能哭。

一个生活在底层、却梦想做大事的人，在谦卑做人与勤恳做事时，总是难免受到许多的讥讽与嘲弄。这似乎是一个社会常态，因为一粒种子是没那么容易长大成材的。在你还孱弱时，无数大脚会有意无意将你践踏再践踏。就像俞敏洪所说的："人们可以踩你，但是人们不会因为你的痛苦，而产生痛苦；人们不会因为你被踩了而来怜悯你。因为人们本身就没有看到你。"也许你会很不服气：为什么要践踏我啊，我是树啊，我是明天的栋梁之材啊。对不起，在你没有长大时，没有人来倾听你、相信你。

后来，成龙混出了一点小名气。那时，他又开始动起了心机：他想要著名的武侠作家古龙给自己量身定做一个剧本。当时，古龙的武侠小说非常受大家欢迎，有了他的剧本基本就是票房的保证。古龙是邵氏片场里的常客，成龙为了“讨好”古龙，每天都要陪古龙喝酒。成龙坐在古龙身边，左一句“古大侠”右一句“古大侠”，酒倒是喝得皆大欢喜。等一场又一场的酒喝过后，成龙从别人口里得知古龙说：“我怎么会为他写剧本，我要写，也得找个好看点的啊！”成龙听了，当即躲进了洗手间，七尺男儿终于再也无法控制住自己的感情，一把抱住姜大卫哭成了泪人。

俱往矣！对于那些成功者来说，过去所受到的所有伤痛，都是成功之后最荣耀的勋章。而对于失败者而言，过去的伤常常是一道隐痛。别理那些叽叽喳喳的噪声，走自己的路，让别人说去吧——路是靠自己走出来的。

坚定立场，不忘初心

当你还只是寻梦者时，是不起眼的，就算你有经世之才——但又有几个伯乐呢？所以，你的梦想与追求，在有些人眼里与“癞蛤蟆想吃天鹅肉”差不多，都是自不量力，痴人说梦。总是会有人来打击你。一个人打击你，或许没有什么；十个人打击你，有点动摇了吧；百个人打击你呢？

别人劝阻或讥笑你的寻梦，也并非想害你，他们有时是无意甚至是善意的。“相信我，你走的那条路行不通，别浪费自己的精力了。”他们会这么说。

根据研究，那些白手起家的百万富翁都有一种有趣的“免疫系统”——很强的心理承受能力。他们有一种后天获得的对恶意批评者过激言论具有抵抗能力的心理盔甲。这些百万富翁，总是漠视各种批评者和权威人物的负面评价。甚至有些白手起家的百万富翁们说，某些权威人物所作的贬低的评价对于他们最终取得成功起过一定的促进作用——锤炼铸就了他们所需要的抵抗批评的抗体，坚定了他们努力成功的决心。

充满传奇色彩的洛克菲勒，美国的史学家们对他百折不挠的品质给予了很高的评价：“洛克菲勒不是一个寻常的人，如果让一个普通人来承受如此尖刻、恶毒的舆论压力，必然会相当消极，甚至崩溃瓦解。然而洛克菲勒却可以把这些外界的不利影响关在门外，依然全身心地投入他的垄断计划中，他不会因受挫而一蹶不振，在洛克菲勒的思想中不存在阻碍他实现理想的丝毫退却。”

对大多数人来说，接受权威人士所给他们的负面评价是最大的打击。许多人失败于智商测试、学习能力测试和其他测试。同时，这些人又愿意接受命运的安排，所以，他们甚至在未达到法定选举年龄之前就已经投降了。对他们来说，差的等级和其他低分自然而然地转化为后来在工作上的低效率。但我们的白手起家的百万富翁们选择了另一条道路：就是不相信那些贬低他们，而且是反复贬低他们的权威人士。有远见、有勇气，有胆量向权威人士、业余批评人士和教育测试中心所给出的负面评价进行挑战。

一个人事业上的成功与他们如何对待批评者之间存在着联系。关于这一点，那些成功的人士是怎么做的呢？他们大多数人要么对批评者不予理会，要么把批评当作一种激发他们取得成功的动力。大多数百万富翁把批评者说成是对他人做出负面评价与预言的人。批评者不像良师益友那样热情地帮助他人实现自我改善，而是热衷于改变他人的目标。事实上，他们似乎是想看到别人的失败，好像他们是以看到自己的预言成为现实而感到满意。

那些热衷于批评的人曾告诉过百万富翁：

你缺乏最基本的经商才能；

对于一桩新的生意来说，那是我所听到的最笨的想法；

你的本钱不够多；

在我们身边，从来不缺少一些所谓饱经风霜的老前辈，他们似乎“什么世面都见过”，因此，总对我们讲一些这不可做那不可做的理由。你产生了个好主意，一句话还没说完，他就像消防队员灭火般地向你泼冷水。这种人总能记起过去某时曾有个人也产生过类似想法，结果惨遭失败，他们总是极力劝你不要浪费时间和精力，以免自寻烦恼。

一个人如果接受了这种负面的观点，就会早早地从战场上撤退下来。未来的百万富翁不会把这种批评当一回事，实际上他们喜欢用事实来反驳这种可笑的预言，而且负面的评论越是多越能激发他们的斗志。

一家大印刷公司的经理曾回忆起他与自己公司一位会计员的一次谈话：这位会计员的理想是要成为公司的审计长，或者创办她自己的公司。因为她连中学都没毕业，而且又是个新移民，因此这个公司经理善意地提醒她：“你的会计能力是不错，这一点我承认，但你应该根据自己的受教育程度，把目标定得更加切合实际些。”他的话使她大为光火，于是，她毅然辞职追寻自己的理想。

几年后她成立了一个会计服务社，专为那些小公司和新移民提供服务。现在，她在北加州的会计服务社已发展到了五个办事处。

其实，我们谁也不知道别人的能力限度到底有多大，尤其是如果他们怀有激情和理想，并且能够在困难和障碍面前不屈不挠时，他们的能力限度就很难预料。

“无论做任何事情，开始时，最为重要的是不要让那些总爱唱反调的人破坏了你的理想。”芭芭拉·格罗根指出，“这世界上爱唱反调的人真是太多了，他们随时随地都可能列举出千条理由，说你的理想不可能实现。你一定要坚定自己的立场，相信自己的能力，努力实现自己的理想。”

危险是通往幸福的捷径

1838 年 9 月 6 日早晨，在英格兰与苏格兰之间的兰斯顿灯塔里，一位年轻的女子被尖锐恐惧的呼叫声惊醒。外面正狂风大作，暴雨倾盆如注，海浪在怒吼翻滚，凄厉的呼叫声穿越过呼啸的风声与咆哮的海浪声一阵阵地传来，而她的父母却什么也没有听见。通过望远镜，她看见 9 个弱小的身影，他们正拼命地抓住一艘失事船只漂浮的木板，而船头却悬挂在半英里之外的岩石上。

"我们对此无能为力。"灯塔的看守人威廉姆·达琳望着排山倒海的浪涛与一个又一个巨大的漩涡，无可奈何地摇摇头说。"不，一定会有办法的，想想办法吧。我们必须把他们救出来。"女儿含着泪苦苦地恳求父母。父亲终于动摇了："好吧，格琳，我就按你的要求去试一试，但我知道这样太冒险。"

随后，一叶小舟如同狂风中飘零的一片羽毛，在汹涌澎湃的大海上颠簸前行，穿过疾风骤雨，钻过惊涛骇浪，躲开巨大漩涡，驶向失事的船只。不知道从哪儿来的一股勇气与力量，达琳与父亲一道，奋力地划着桨在暴风雨中穿行。9 个船员最终得救了，他们安全地到达灯塔上。

"愿上帝保佑你，亲爱的姑娘。没想到你这么一位单薄瘦弱的姑娘，却在惊涛骇浪中救了这么多的人。"一位船员难以置信地看着这位女英雄，不禁脱口称赞道。她的所作所为让全英国的人都感到无比光荣，她的英雄气概让高贵的君王在她面前也黯然失色了。

茫茫世界风云变幻，漫漫人生沉浮不定，而未来的风景却隐在迷雾中。向那里进发，有坎坷的山路，也有阴晦的沼泽，深一脚浅一脚，虽然有危险，但这却是在有限的人生中通往成功与幸福的捷径。

有人在机会中看到漩涡，有人在漩涡中看到机会。世界上大多数人却不敢走有漩涡的航道。他们熙来攘往地拥挤在平平安安的大路上，四平八稳地走着，这路虽然平坦安宁，但距离人生最壮丽的风景线却迂回遥远，他们永远也领略不到奇异的风情和壮美的景致；他们平平庸庸、清清淡淡地过了一辈子，直到人生的尽头也没有享受到真正成功的快乐和幸福的滋味。他们只能在拥挤的人群里，仅仅是为满足于吃饱穿暖，而这，岂不也是一种风险吗？

这是一种难以逃避的风险，是一种越来越无力改善现状的风险。

所以，生命运动从本质上说就是一次探险，如果不是主动地迎接风险的挑战，便是被动地等待风险的降临。

康德说，人的心中有一种追求无限和永恒的倾向。这种倾向在理性中的最直观表现就是冒险。

没有机会就创造机会

愚者错过机会，弱者等待机会，智者把握机会，强者创造机会。

汉武帝曾下很大决心，要花很大力量抗击匈奴的侵扰，他要求臣下都要为抗击匈奴尽力，要他们挺身而出、杀敌立功。为此，他大力奖赏了作战有功的卫青、霍去病等人，对临阵怯逃、失节或战败的王恢、狄山、李陵、苏建等，予以严厉的处置。公元前 119 年，汉武帝决定命卫青、霍去病率 50 万大军从山西定襄出发打击匈奴。为了鼓舞士气，汉武帝亲自到郎署，那里的数百文官武将一齐跪倒："愿吾皇万岁、万万岁！"

汉武帝看他们个个精神抖擞，说："你们都愿意随军出征、冒死杀敌吗？""愿为陛下效力，肝脑涂地，在所不辞！"数百名文武官员一齐喊道。

汉武帝高兴地点点头，心想部下的士气是多么高啊！可是，就在这时，忽然听见从一个角落里传来了一声低弱的、但十分清楚的老者声音："小臣年迈体弱，不愿出征！"

汉武帝一愣，左右更是大吃一惊，在这样的气氛下说不肯上阵，这是要处死罪的啊！

汉武帝问："你是干什么的，叫什么名字？"

那老者白发苍苍，行动蹒跚，走过来向汉武帝叩头："小臣颜驷年已 61 岁，江都人氏，从文帝时代就在下署为官了。"

汉武帝迟疑了一下，问道："卿年逾花甲，为官几十年，为什么得不到提拔、升迁呢？"

老颜驷说："陛下容禀，恕臣直言，小臣历来想忠贞报国，何尝不希望建立功名。臣已历经三代了，但都不逢时。文帝好文而臣好武，景帝好老而臣年轻，陛下您呢，喜欢提拔、重用少壮之人。可是，臣已经老了，所以三世都不得重用，不是我不图长进，大概是命该如此罢了！"

汉武帝听了颜驷的陈述颇有感触，叹了口气，同情地说："光阴如水，转眼百年，一个人一生能有多少时光。有贤才不知，知而不重用，以至使你大半生为郎，这都是做人主的疏忽啊！"接着，武帝又说，"颜驷白发皓首，辛劳多年，他不愿随军出征，恕他无罪。"他又转脸对颜驷说，"你这样大年纪，怀志不遇，我命你为会稽都尉，赶快准备赴任吧！"

颜驷年过花甲仍碌碌无为，全因缺少一个施展自己的舞台。值得庆幸的是，他终于在垂暮之年主动为自己创造了一个建功立业的机会。

其实，有没有机会，关键在于个人的主观态度。机会不可能无缘无故地从天而降，机会也不可能像路标一样，就在前面静静地等着我们。机会具有隐蔽性，是隐藏着的；机会具有潜在性，等待着开发；机会具有选择性，只垂青那些在追求中、捕捉中的人。

这里有一点十分关键，是被动、消极地等待机会，还是主动地去争取机会？等待机会不像等待班车，到点儿车就来，而是要看等待机会的状况如何。是不是碰上了机会，是不是抓住了机会，是不是错失了机会，是不是再也没有了机会，这些都是一种现象。而主要的问题就在于我们是否真的在认真地准备着、在刻意地追求着。

有许多人看起来好像没有机会、没有前途，但是偏偏就有一天发生了转折，他们便获得了机会。其实，许多成功者都曾有过这样一种经历和体验。

知止常止，终身不齿

在几年前的一个交流会上，华人首富李嘉诚这样对向他求教的年轻企业家说："经营企业'知止'两个字最重要。我从 12 岁就开始投身社会，到 22 岁创业时就已经过了十年非常刻苦工作的日子，到今天我已工作 60 多年了。在香港我看过有些人很容易得以成功，但是掉下去也非常快，是什么原因呢？'知止'是非常重要的。全世界很多企业之所以失败，最少一半都是因为贪婪。"

多数人更喜欢锐意进取，却忽略在适当的时候点一下刹车。老子《道德经》："知足不辱，知止不殆。"认为，人的祸患多源于自身永不知足的贪婪本性。知足是人家给多少，你"虽不满意，但可以接受"；知止是自己看到了某个程度，你"虽很想要，但还是拒绝了"。知足是不贪，知止是不随。弘一法师（李叔同）乃一代高僧，是一个具有大智慧的人。在出家前，他曾为一位朋友写过一幅字——"知止"。他认为自己的这幅字说出了人世间的"一个大道理"。知止是针对"欲壑"，懂得说"够了"，世间万物行止各有时，当行则行，当止则止。"知止"是一种素质、一种境界、一种修养，蕴藏着很大的智慧。

人的贪欲是个无底洞，"得陇望蜀"是普通人的心理常态，能够"得陇"而拒绝"望蜀"，没有大胸怀绝对做不到。"天下熙熙，皆为利来；天下攘攘，皆为利往"。人们之所以既不容易"知足"，更难得"知止"，其缘由概因一个"利"字的诱惑。所谓"身后有路忘缩手，眼前无路想回头"，就是对那些既不"知足"、更不"知止"者耽于窘境的极好描述。这两句话最为绝妙的地方独在一个"忘"字上。"忘"什么？忘了人生的要义，忘了"既得"的后果，忘了"足"的现状，忘了“止”的理智。人一旦利欲熏心，便会头脑发昏，忘乎所以，因而做出不知止、不知耻的事。像什么反目成仇，忘恩负义，落井下石，挥金如土，鼠目寸光，牢骚满腹，沐猴而冠，寡廉鲜耻，东食西宿，瞒天过海，尽人可夫，爱财如命，投鼠忌器，暗度陈仓，衣冠禽兽，见利忘义，弱肉强食……一个跟头栽进深渊里，再也爬不起来，万劫不复了。庄子说：“鹪鹩栖迟，不过一枝；偃鼠饮河，不过满腹”，这是再平常不过的道理。

想起两副著名的对联，一副是二百多年前，康熙秀才、雍正举人、乾隆进士郑板桥手书“室雅何须大，花香不在多”，另一副是国学大师黄永玉的对联“房屋三间，站也由我，坐也由我；老婆一个，左看是她，右看是她”。两副对联写得都极传神，但它们表意的境界却稍有差异：黄永玉传达的是一种“知足”的幽默惬意，而郑板桥表达的却是一种“知止”的哲思感悟。

“知止”不是难在不知道，而是难在不舍得，不愿意。知止，是从心灵出发的；心里这么想，付诸行动，才会成为“行为”。知止，不但是针对“欲壑”，懂得说，够了；也要对“痛苦、烦恼”，懂得说，行了，不能再这样下去了。

快乐固然短暂，如果不“知止”，痛苦往往随之而至。那些走上绝路自我了断的人，其实也是不了解“知止”。知止功夫做到细微处，一念起来，知止，不被带着走；一念消失了，知止，不动如山。

做事要能伸能屈

韩国三星电子的创始人李秉喆，在韩战后的废墟上打造出一个世界一流企业，堪称一个奇迹。三星的成长之路遍布陷阱，之所以没有深陷在失误的泥沼里沉没，完全是因为李秉喆及时退出的勇气与行动。在回顾他辉煌的一生时，李秉喆说过这样一句话："做事应该有上阵的勇气，也要有及时退出的勇气。"

李秉喆的经营原则中很重要的一点，就是既敢于开拓，又勇于退出。他曾说过："如果没有 100% 的把握，那就不要上马。一旦决定某一种项目，就要全力以赴。如果认为没有胜算，那就赶快退出来。"

1973 年，三星与日本造船业的巨头 H 公司合作，在韩国庆尚南道买下 150 万平方米土地准备建造世界最大规模的造船厂。但当时由于石油危机，世界造船业陷入困境，有的客户甚至放弃订单，要求取消合同。三星一看行情不利，就毅然决定该项目暂时不上马。后来，李秉喆先生回顾说："如果当时那个造船厂上马，对三星的打击肯定是非常巨大的。做事应该有上阵的勇气，也要有及时退出的勇气。"

李秉喆的这次撤出虽然令自己"脸上无光"，但却避免陷入一场不停地投资却没有多大回报希望的泥潭。李秉喆认为，若不及早撤出，那么大型造船厂将很可能成为三星公司的"滑铁卢"，与其坐等因造船而全军覆没，不如另辟蹊径，别处生花。

大多数人都知道在形势大好时，"春风得意马蹄疾"，凭着一股子干劲与闯劲能将事业做得风生水起；而在形势不好时，却不知道收缩战线准备撤退，直至

“弹尽粮绝”，连东山再起的本钱都没有了。

做事必须能屈能伸。只能屈不能伸的人是庸才，只能伸不能屈的是骄兵，都不能真正顺应时势，成就一番丰功伟业。

无论做什么事，在黎明前的黑暗一定要咬紧牙关挺住。但在实际操作之中，有些事经过仔细分析后，断无“咸鱼翻身”的可能之时，唯有承认现实，选择撤退。因此，“坚持”与“放弃”并不矛盾。他们是相辅相成，可以互补的。

有人经营一家餐馆，过了大半年还不见起色。原来在餐馆周围虽然有几家大公司，但每个公司都为职工提供午餐，为上夜班的职工提供夜宵，难怪这家餐馆的生意不好做。经过深入调查，他发现这几家公司对办公用品的需求量很大，同时周围还有两所中学、一所小学，文化用品市场巨大，于是，这家餐馆的老板毅然将餐馆改为文化用品商店，虽然这一折腾损失了不少，但没过多久就获得了可观的效益。

在股市搏击中，游戏规则掌握在大户手中，对于中小散户股民来说，赢家大都是在“高处不胜寒”时及时抽身的人，都是在熊市来临之际，及时“忍痛割爱”之人。可见，“善败”者也是善退者。不善败的创业者，一般都对“必败之势”缺乏判断能力，即所谓“败莫大于不知将败”者；其次是，即使已感觉到失败的压力但仍心存侥幸，消极地观望、等待直至重大损失出现。小企业老板要在失败来临之际冷静分析，首先要对市场竞争态势有灵敏的信息渠道并加以判断，能清醒地认识到企业将要受损的领域和时机；其次是善于快速撤退以避免或减少损失，即抓住临失败之前的有利时机抢先主动收缩或撤出必败的领域。日本著名企业家松下幸之助先生对此用过一个十分形象的比喻：“武功高强的人，往回收枪的动作比出枪时还要快。”脱身最早、最快、最彻底的往往也是受损最小的。这些先期脱身的智者，常常会成为下一轮竞争中的赢家。

三十六计有“走为上策”一计，它蕴涵了丰富的屈伸之理。当敌人具有巨大的优势，而我方没有把握胜利的时候，只有投降、和谈与撤退三条路可走。投降是全面的失败，和谈则是失败了一半，而撤退并非失败，且属转为胜利的关键。

应走不走，反受掣肘；当断不断，反受其乱。在事态严重，该走不走，贻误时机的，必会招致更大的麻烦与危险。

当年西楚霸王战败，在乌江畔自刎收场，并不是他没有退路，只因他曾经破釜沉舟，带领三千江东子弟兵打江山。如今三千子弟兵都无一生还，自感无脸见江东父老，因而以自刎收场。这就是能伸而不能屈的心理缺陷，如能退回江东，或许还有东山再起之时。

定律 7

人生并非机遇，而是一种选择

打破一切虚伪的条条框框

童话大王郑渊洁至今还记得他妈妈曾经给自己讲过的一则寓言："一次发大水，森林里的小动物都开始逃命。大家跑呀跑，跑到山上发现有两座桥，一座是宽宽的大桥，一座是窄窄的独木桥。除了一只小羊选择走独木桥之外，其他动物都拥到大桥上。结果，那座大桥因为走的动物太多，桥塌了，许多的动物都坠落桥下。只有那只走独木桥的小羊得以死里逃生。"

郑渊洁就似乎是一只不走寻常路的"小羊"。在上小学二年级时，老师布置了一篇作文，主题为"我长大以后做什么"。大多数小朋友都是写当科学家、工程师之类的，但郑渊洁不写那些崇高而俗气的理想。他写的作文名为：《我长大以后当淘粪工》，因为当时石传祥的事迹流传甚广。这篇新奇的文章后来在从未刊登过低年级作文的学校校刊上发表，让郑渊洁出尽风头。

几年前，郑渊洁曾经就写过一篇《男人小便时千万不能说话》的杂文。这文章除了标题不寻常外，内容也颇值得玩味。

不想获得人生成功的人几乎没有。为什么有的人成功了，有的人不太成功呢？成功的人有什么共同之处？是不是成功的人都遵守游戏规则？不成功的人不遵守游戏规则？

我接触过一些成功人士，我将他们和我接触的不太成功人士做过系列对比，我发现，成功人士之所以能够成功，是他们能够区分真假游戏规则。对于真的游戏规则，他们坚决遵守。而对于假的游戏规则，成功人士是不会遵守的。不太成功人士除了遵守真游戏规则外，还遵守假游戏规则，所以妨碍了他们踏上成功之路。你要问了，我怎么没听说过游戏规则还有真假之分？这是我发明的一个词语。

对于游戏规则有必要进行去伪存真。郑渊洁举了个例子："一般人都认为，书上说的都是对的，或者权威说的都是对的，这成为看书的游戏规则。这其实是假游戏规则。而真的游戏规则是，想方设法证明书上写的观点是错误的。"还有，"诸如必须拿到大学文凭才能获得人生成功，诸如只有出国才能深造，诸如孩子只有上重点学校才会有出息，这都是假游戏规则。"

郑渊洁建议："严格遵守真游戏规则，坚决违反假游戏规则。"并表示："（这样）你就会成功。"这个观点和他在《我是钱》里的一段话，非常契合："这是一个禁忌相继崩溃的时代。没人拦着你，只有你自己拦着自己。你的禁忌越多，你的成就越少。人只应有一种禁忌——法律。除此之外，越肆无忌惮越好。"

我们大多数人都是所谓的"好孩子"，我们除了听父母的话，就是听老师的话，听领导的话，听专家的话……我们循规蹈矩，把所有别人制定的游戏规则都遵守了。这种"好孩子"被别人主宰了自己的意志，往往是"没出息"的代名词。

郑渊洁就是一个不按照排列出牌的人。小学未毕业，认字不足五六百，这样的人按照社会上的规则与惯例，根本就不是当作家的料。即使成了作家，一个人常年承担一本月刊（现为半月刊）的所有撰稿任务，也不现实。但这些所谓的条条框框，都被郑渊洁肆无忌惮地打破了。

目光要明确，才能走到正确的道路上

家门口种了一株葡萄，每年开春，母亲都跟赵森华说，要学着去修剪葡萄的枝节，这样长出来的葡萄才会大而甜。所以等春天一到，赵森华便尝试着去修剪葡萄的藤枝，待赵森华修剪完后，就高兴地向母亲展示着自己的艺术才华，因为赵森华不仅仅把枝节修剪了很多，而且把整个藤剪成一串葡萄似的。

母亲看了摇了摇头，但是她却没有多做修改。赵森华问母亲为什么摇头，她说，这固然好看，但却不是完美的。母亲还问赵森华是否需要她多做修剪，赵森华点了点头，母亲便将所有多余的枝节全部剪掉，只剩下几条主干。赵森华对母亲说，今年我们肯定收获不了葡萄了，枝节都被你剪完了。母亲说，那边还有一株是去年种的，你按照你的想法去修剪那株，到了盛夏的时候，我们看看谁收获的比较多。

转眼到了盛夏，赵森华修剪的葡萄，因为枝节太多，果实过于密集，以致很多果实没有成熟就一串串地枯萎了，而母亲的那株，果实却丰硕得很。母亲跟赵森华说："其实，葡萄、花跟人一样，在成熟和绽放的时候需要大量的营养，营养跟不上，就会渐渐枯萎、败谢，剪去多余的枝节，就能保证营养的供给，一朵花的美丽绽放在于修剪枝节，而一个完美的人生在于修剪选择。"

赵森华听后恍然大悟。

是啊，你是否曾修剪过自己的选择呢？这时，或许你会问，为什么要去修剪选择？

生活的道路上，始终有着许多的枝蔓延伸，如果我们没有修剪枝蔓的话，主干就会被枝蔓所误导，从而让我们走向成功的路有所偏离，变得更为崎岖。修剪枝蔓，可以让我们更容易辨清方向、选择得更准确、更快走上幸福之道。

一位父亲带着三个儿子到草原上猎杀野兔。在到达目的地、一切准备得当、开始行动之前，父亲向三个儿子提出了一个问题："你们看到了什么呢？"

老大回答道："我看到了我们手里的猎枪、在草原上奔跑的野兔，还有一望无际的草原。"父亲摇摇头说："不对。"

老二的回答是："我看到了爸爸、大哥、弟弟、猎枪、野兔，还有茫茫无际的草原。"父亲又摇摇头说："不对。"

而老三的回答只有一句话："我只看到了野兔。"这时父亲说："你答对了，你打到的野兔一定会比哥哥多。"

结果真的如此！

老三将所有的枝蔓都修剪掉了，把精力放在的野兔上，所以在他射击的时候，固然射得比老大老二准。漫无目标，或目标过多，都会阻碍我们前进，要实现自己心中的所愿，得学会该怎么去修剪目标、修剪选择。或许我们也会常常反问自己，到底该怎样修剪自己的选择呢？

在澳大利亚的一所大学里曾经发生过这样一个故事：

在快下课时，教授对学生们说："我和大家做个游戏，谁愿意配合我一下。"一个女生走上台来。

教授说："请在黑板上写下你难以割舍的二十个人的名字。"女生照做了，有她的邻居、朋友、亲人，等等。

教授说："请你划掉一个这里面你认为最不重要的人。"女生划掉了一个她邻居的名字。

教授又说："请你再划掉一个。"女生又划掉了一个她的同事。

教授再说："请你再划掉一个。"女生又划掉了一个。

最后，黑板上只剩下了她的父母、丈夫和孩子。教室非常安静，同学们静静地看着教授，感到这似乎已不再是一个游戏了。

教授平静地说："请再划掉一个。"

女生迟疑着，艰难地做着选择……她举起粉笔，划掉了父母的名字。

“请再划掉一个。”身边又传来了教授的声音。

她惊呆了，颤抖地举起粉笔缓慢而坚决地又划掉了儿子的名字。紧接着，她哇的一声哭了，样子非常痛苦。

教授等她平静了一下，问道：“和你最亲的人应该是你的父母和你的孩子，因为父母是养育你的人，孩子是你亲生的，而丈夫是可以重新再寻找的，为什么丈夫反倒是你最难割舍的人呢？”

同学们静静地看着她，等待着她的回答。

女生平静而又缓慢地说道：“随着时间的推移，父母会先我而去，孩子长大成人后肯定也会另筑新巢，真正陪伴我度过一生的只有我的丈夫。”

当我们面对这样的选择时，答案又会是怎样的呢？显然，每个人都会有不同的答案，因为我们每个人价值观都是不一样的，但有一点绝对值得肯定，那就是要选择“我所思”的。生活就像洋葱，一片一片地剥开，总有一片会让我们流泪，不要害怕被别人误会，生命不是用来更正别人的错、或证明自己的对——生命是用来生活的，要活出自己的本色，活出自己的效益，活出自己的价值。

做个有主见的人

一只掉进深井的狐狸，因为想不出逃脱的方法，所以就像囚犯般地被拘禁在井底。

此时，有一只山羊因为禁不住口渴而走到井边。当它看到井里的狐狸，于是就问狐狸井水的味道是否良好。狐狸以欢欣的态度掩饰悲惨的处境，极力夸赞水质之优美并鼓励山羊下到井底，山羊只顾及口渴，而不假思索地往井里跳。

等到山羊解渴后，狐狸告诉它目前它们所共同面临的困境，并提议脱困的方法。狐狸说：“你把前脚放在墙上，头部低俯。我跳到你的背上，便可爬出这口井，然后再帮助你脱困。”

山羊接纳狐狸的这个建议，狐狸立刻跃登山羊的背上，抓住山羊的两只角，稳步地爬到井口，然后拔腿就跑。山羊痛骂狐狸毁约，狐狸则转身大叫：“大笨蛋！假如你的头脑能像你的须子那样多，你将不会在摸清出路之前，就纵身往井里跳，也不会让自己置于无法逃脱的困境中！”

生活中，像山羊这样没有主见的人比比皆是，虽然他们似乎在每个方面都做得很好，人缘也很好，但最后胜利的果实却轮不到他们品尝，还陷入埋怨的痛苦中。

小轩是某事业单位的一名职员，她认真负责，反应迅速，有毅力，有思路，可以说具备了职业女性必备的要素，她的工作成绩突出，业绩骄人，是领导和同事有目共睹的。然而，她最大的弱点，就是太看重别人的看法和反应，在考虑问题时不够理智客观，顾虑太多，考虑别人太多。如果看到别人脸色不好看时，无论是上司还是下属，她都能够迅速做出反应，解释为什么要这样做，把自己清清楚楚地暴露给别人。其实，有些事情是无须解释的。这样，反将本来挺简单的事情复杂化了。后来，单位调整了几次干部，提拔了几名职员，也都没有小轩。理由是她太看重别人的看法，缺乏主见，一个连自己性格都管理不好的人，如何去管理下属呢？

一个不懂得独立思考、凡事按照别人的意见去做的人，怎么会去领导别人呢？所以也只能安分守己地做着一个小职员。工作中，不要埋怨得不到领导的赏识，应该问问，自己是否一味去听从领导的话、兢兢业业地做着自己该做的事而从来就没有想过把自己的想法上报领导。

做事不能没有主见，处事不能没有决断。拿主见难，坚持主见更难，盲目自信是固执，偏听偏信是糊涂。

正确的主见都是事物本质的反应，坚持主见就是坚持真理，就是坚持胜利，而真理总是被少数人发现而被多数人所认同的。

做事情如果需要别人都点头，那你的事情就肯定平凡得像沙漠的一粒沙子，像大海的一滴水。此时，如果我们还强调别人去寻找你的闪光点，是否有点强人所难了呢？

赫尔岑是俄罗斯著名的思想家、文学家。有一次，他的一位朋友请他去参加一个音乐会。音乐会开始没多长时间，赫尔岑就用双手堵住耳朵，低着头，满是厌倦之色。不久，他竟打起瞌睡来。

他的朋友看赫尔岑竟然打起了瞌睡，很是奇怪，就问他为什么。

赫尔岑摇了摇头，说：“这种怪异、低级的乐曲有什么听头？”

“你说什么？”朋友大叫起来，“你说这音乐低级？你知不知道，这是现在社会上最流行的音乐。”

赫尔岑心平气和地问：“难道流行的一定好吗？”

“那当然，不好的东西怎么会流行呢？”朋友反问。

“那按你的意思，流行性感冒也是好的！”赫尔岑微笑着回答。

朋友顿时哑口无言。

有时候，我们常常会被一种习惯思维所左右。其实，对一件事情的不同解释，往往可以带来完全不同的两种选择。

有一个寓意深刻的民间笑话：一场多边国际贸易洽谈会正在一艘游船上进行，突然发生了意外事故，游船开始下沉。船长命令大副，紧急安排各国谈判代表穿上救生衣离船。可是大副的劝说失败，船长只得亲自出马，他很快就让各国的商人都弃船而去。大副惊诧不已。船长解释说："劝说其实很简单，我告诉英国人说，跳水是有益健康的运动；告诉意大利人说，那样做是被禁止的；告诉德国人说，那是命令；告诉法国人说，那样做很时髦；告诉俄罗斯人说，那是革命；告诉美国人，我已经给他上了保险；告诉中国人，你看大家都跳水了。"

这则笑话令我们捧腹之余，不难引发有关各国文化差异的思索，从中可以看出，中国人行事比较没有主见、喜欢盲从。这个笑话可能有些夸张，但中国人喜欢盲从的特点在现实生活中却不乏实例。

总之，持自己的主见去选择，选择出来的必定是你独特的人生之路，而只有独特的路，背后才会有一群追随者。

自信是成功的第一秘诀

选择很难，因为人生的路只有关键的那几步，常常会因为一失足成千古恨。其实还有比选择更难的事，那就是自信。当你不够自信的时候，请勿作出选择。因为你的选择带来的只有悔意。

曾经有一个悲观的青年欲结束一生，在海边徘徊，长吁短叹。有一老者注意到了，便上前询问："你为什么不开心呢，年轻人？""我现在一无所有，一无所长，不断失败，我再也没有什么指望了，不如一死了之。""你其实很富有，年轻人。""是吗？"年轻人一脸狐疑。"给你十万元。买你一只眼睛好吗？"

"那可不行。"年轻人想都没想。"八万元，买一只胳膊？""不行。""那就买一只手，或三个手指头？""也不行。"老者哈哈大笑："年轻人，你现在知道你多么富有吧。"年轻人不好意思地笑了，自信重新回到了他的脸上。

自信是什么？自信是"长风破浪会有时，直挂云帆济沧海"的豪迈，自信是"青山遮不住，毕竟东流去"的果敢与执着，自信是"行到水穷处，坐看云起时"的淡泊与从容。没有自信，我们就只能任"小溪冲走生命的花瓣，却永远托不起成功的巨轮"。爱迪生曾说过"自信是成功的第一秘诀"，只有我们足够自信，我们才能去选择，只有选择我们才能成功。

有位女孩有一副美丽动听的歌喉，但长着一口龅牙。有一次，她去参加歌唱比赛，上了台，她只顾掩饰难看的牙齿，让观众和评委感到好笑，她失败了。有位评委却认为她的音乐潜质极佳，便到后台找她，很认真地告诉她："你肯定会成功，但你必须选择忘掉你的牙齿。"

在“伯乐”的帮助下，女孩很快从龅牙的阴影走出。后来，她在一次全国性大赛中，以极富个性化的表演和歌唱倾倒了观众和评委，脱颖而出。

她就是卡丝·黛莉，美国一位著名的歌唱家。她的龅牙同她的名字一样有名，歌迷们还称她的牙很漂亮。

虽说每个人外表都长得差不多，两只眼睛一张嘴，可是人的内心状态却有很大的差别。因为有些点选择了自信，有些人选择了自卑。

一个人在选择面前的决断力之高低，除了一些原则性的掌握和技巧性的运用外，还需要充足的信心。一个人如果对自己没有信心，就算有做出好决定的技巧，也是无济于事；或是别人随便说一句风凉话，就把自己原来的决定完全否定掉。

里根是一个演员，却立志要当总统。从22—54岁，罗纳德·里根从电台体育播音员到好莱坞电影明星，整个青年到中年的岁月都陷在文艺圈内，对于从政完全是陌生的，更没有什么经验可谈。这一现实，几乎成为里根涉足政坛的一大拦路虎。然而，当机会来临，共和党内的保守派和一些富豪们竭力怂恿他竞选加州州长时，里根毅然决定放弃大半辈子赖以为生的影视职业，选择了开辟人生的新领域。

当然，信心毕竟只是一种自我激励的精神力量，若离开了自己所具有的条件，信心也就失去了依托，难以变希望为现实。但凡想有所作为的人，都必须脚踏实地地从自己的脚下走出一条路来。正如里根要改变自己的生活道路，并非突发奇想，而是与他的知识、能力、经历、胆识分不开的。有两件事树立了里根角逐政界的信心。

一是当他受聘通用电气公司的电视节目主持人时，为办好这个遍布全美各地的大型联合企业的电视节目，客户要求通过电视宣传，改变普遍存在的生产情绪低落的状况。里根不得不用心良苦，花大量时间巡回在各个分厂，同工人和管理人员广泛接触，这使得他有大量机会认识社会各界人士，全面了解社会的政治、经济情况。人们什么话都对他说，从工厂生产、职工收入、社会福利到政府与企业的关系、税收政策，等等。里根把这些话题吸收消化后，通过节目主持人身份反映出来，立刻引起了强烈的共鸣。为此，该公司一位董事长曾意味深长地对里根说："认真总结一下这方面的经验体会，为自己立下几条哲理，然后身体力行地去做，将来必有收获。"这番话无疑为里根弃影从政的信心埋下了种子。

二是发生在他加入共和党之后，为帮助保守派头目竞选议员募集资金，他利用演员的身份在电视上发表了一篇题为《可供选择的时代》的演讲。因其出色的表演才能，大获成功，演讲后立即募集了100万美元，以后又陆续收到不少捐款总数达600万美元，《纽约时报》称之为美国竞选史上筹款最多的一篇演说。里根一夜之间成为共和党保守派心目中的代言人，引起了操纵政坛的幕后人物的注意。

这时候传来了更令人振奋的消息，里根在好莱坞的好友乔治·墨菲，这个地道的电影明星，与担任过肯尼迪和约翰逊总统新闻秘书的老牌政治家塞林格同时竞选加州议员。在政治实力悬殊的情况下，乔治·墨菲凭着38年的舞台银幕经验，唤起了早已熟悉他形象的老观众们的巨大热情，意外地大获全胜……原来，演员的经历，不但不是从政的障碍。而且如果运用得当，还会为争夺选票赢得民众发挥作用。里根发现了这一秘密，便首先从塑造形象上下功夫，充分利用自己的优势——五官端正、轮廓分明的好莱坞"典型美男子"的风度和魅力，还邀约了一批著名的影星、歌星、画家等艺术名流出来助阵，使共和党竞选活动别开生面，大放异彩，吸引了众多观众。

然而，这一切在里根的对手、多年来一直连任加州州长的老政治家布朗的眼中，却只不过是"二流戏子"的滑稽表演。他认为，无论里根的外部形象怎样光辉，其政治形象毕竟还只是一个稚嫩的婴儿。于是他抓住这一点，以毫无政治工作经验为由进行攻击。殊不知里根却顺水推舟，干脆扮演一个淳朴无华、诚实热心的"平民政治家"。里根固然没有从政的经历，但有从政经历的布朗恰恰才有更多的失误，给人留下了把柄，让里根得以辉煌。二者形象对照是如此鲜明，里根再一次越过了障碍。帮助他超越障碍的正是障碍本身——没有政治资本就是一笔最大的资本。因此，每个人一生的经历其实都是自己最宝贵的财富。不同的是，有的人只将经历视为实现未来目标的障碍，有的人则利用经历作为实现目标的法宝，里根无疑属于后者。

就在里根如愿以偿当上州长问鼎白宫之时，曾与竞争对手卡特举行过两次长达几十分钟的电视辩论。面对摄像机，里根发挥得淋漓尽致的表演，时而微笑，时而妙语连珠，在亿万选民面前完全凭着当演员的本领，占尽了上风。相比之下，从政时间虽长，但缺少表演经历的卡特却显得相形见绌。

自信并非与生俱来。要想增强自己的信心，可以通过以下五个方法。

1. 拥有成功的经历，是形成自信心最重要的条件。任何一个人，或多或少总有过让自己自豪及成功的经历，要善于从自己的成功中总结一些规律性的东西。心理学的研究证明：一个人内在的动力、抱负与其成功的经历是密切相连的。成功的经历越丰富、越深刻，他的期望就越高，抱负就越大，自信心也就越强。而对于缺乏自信心的人来说，最重要的是寻求成功的机会，并确保首次努力获得成功。

2. 客观正确的期望与评价，会形成一股强大的动力，加强人们的自信心。当期望较高的评价来自自己所喜欢或所崇敬的人时，一个人的自信心会上升到极大值。在这种情况下，一个心理成熟的人就会冷静地分析人们对自己的期望和评价是否有根据，是否客观合理，否则，就很容易出现盲目乐观的情绪，因为自信心和盲目性只有一步之差。

3. 正确地进行自我批评，有利于自信心的培养。每个人都会在自己前进的道路上设立一个又一个目标，近期目标的后面还会出现一个远期目标，每一个目标的设立都应建立在正确的自我评价基础之上。每个人都有自己的长处，也都有自己的短处，倘若你既能正确对待自己的长处，又能认清自己的不足，扬长避短，目标就会实现，自信心的培养也就进入良性循环。

4. 重视榜样的作用。一个人不管是自觉的还是不自觉，事实上都在受周围人们的影响。为了增强自信心，你不妨在所熟悉的人中，找寻一个值得自己学习、仿效的榜样，设法赶上并超过他。

5. 用自我暗示增强自信。就像风一样，可以将一艘船吹向这边，也可以将另一艘船吹向那边；自我暗示既能让你成功，也会使你失败，就要看你怎样扬起这“自信之帆”。任何人只要懂得自我暗示的积极力量，就可获得自己想象中的最高成就。

做人可以平凡，但不能平庸

小荀是我的大学同学。2007 年大学毕业后，他本来有机会进入中石化工作，那可是多少人梦寐以求的岗位啊！可是，为了照顾年迈的父母，小荀毅然决然地放弃了大城市，选择回到了老家——安徽省南部的一个小山村。他参加了“农村义务教育阶段学校教师特设岗位计划”的考试，最终成为一名小学语文老师。

2009 年国庆节，大学同学聚会，我再次见到了小荀，他比从前傻且黑了很多，俨然一副为人师长的模样。

“后悔当初的选择吗？”我问。

小荀“哈——哈——”大笑，“我的字典里从来就没有‘后悔’两个字。我现在过得很充实，除了上课，还照顾父母。”

“如果留在城市，你取得的成绩也许会更大！”我说。

“我现在的岗位虽然很平凡，我所做的事情也很平凡，但我坚信同样可以做出一番大成绩。”小荀的眼睛放着光芒。

小荀的回答无疑告诉我们，我们可以做一个平凡的人，但决不可以做一个平庸的人！

“平凡”与“平庸”不仅仅是一字之差，“平凡”与“平庸”的本质区别在于：平凡的人把平凡的工作做成伟大，平庸的人使崇高的工作变得卑下。

李素丽是北京市公交总公司公共汽车售票员，自 1981 年参加工作以来，几十年如一日，在平凡的岗位上，把“全心全意为人民服务”作为自己的座右铭，真诚热情地为乘客服务，被誉为“老人的拐杖，盲人的眼睛，外地人的向导，病人的护士，群众的贴心人”。无疑，她的工作岗位平凡得不能再平凡，但就是在这样平凡的岗位上，她一干便是几十年，而且勤勤恳恳，自始至终坚持自己的信念。她的工作表面看来的确平凡的很，但是如果没有内心如火似的工作热情，没有对工作一丝不苟的勤奋，没有对工作深入创新的思想，没有一心奉献不求回报的淡定胸怀，那她的几十年便过得毫无意义与价值。

不错，我们这个社会就是由凡人组成的，没有平凡人的努力和辛勤工作，就没有多姿多彩的世界。但是，平凡的人在平凡的岗位上通过努力和辛勤的工作累积，也能做出不凡的业绩，成为本行业的行家里手。除了李素丽，还有雷锋、焦裕禄、孔繁森等人，他们平凡的事业后面照样矗立着壮丽的人生，这也就是不平庸的人生。

选择平凡，并不意味着无为。一个人选择平凡，做平凡的人，干平凡的事，交平凡的朋友，说平凡的话，做着真实的自我，这样的人生很有价值。平凡的人能够拥有一颗平常心，能够用平常心对待得失成败，他们不追名逐利、不挑剔而宽容、不骄傲而平和，这种人在生活中有责任感，他们孝敬自己的长辈，爱护自己的孩子，珍惜自己的家庭，得到的是一种平淡的幸福和喜悦。然而，平凡不等于平庸，平凡是随波扬帆，而平庸是随波逐流，是以消极的心态面对自己的工作、生活。

虽然，许多平凡但不平庸的幕后人物我们没有看到，但是他们的确真实地存在着，并且努力地存在着，感染着众人，感染着社会。杜鲁门当选总统后不久，有一位客人前来拜访他的母亲。客人称赞道：“有总统这样的儿子，您一定感到十分自豪吧。”杜鲁门的母亲赞同地说：“是这样的。不过，我还有一个儿子，也同样使我感到自豪，他现在正在地里刨土豆。”这真是一位伟大的母亲。其实，生活原本也是这样。红花绿叶，各有其妙。只要拒绝平庸，平凡和伟大一样令人自豪。我们可以平凡但不可平庸，我们可以功不成、名不就，可以无过人之才，也可无惊世之举，但绝不可以不知为什么而活，绝不可以没有目标、没有责任感，绝不可以浑浑噩噩、无所事事、无所用心。

我们中间的大部分人都是凡人，每天做的都是一些平淡的“小事”，然而，就是在这些小事当中却蕴藏着巨大的机会，这就要看你如何去把握。而要做到不平庸，就要看一个人的价值的发挥对社会产生怎样积极的贡献了。

有这么一个小故事：乌鸦站在树上，整天无所事事，兔子看见乌鸦，就问：我能像你一样，整天什么事都不用干吗？乌鸦说：当然，有什么不可以呢？于是，兔子在树下的空地上开始休息起来，忽然，一只狐狸出现了，等兔子反应过来，它已经成为了狐狸的“下酒菜”。

所以，如果你想站着什么事都不做，那你必须站得很高、非常高。如果你还达不到这点，就必须管理好自己，压制住自己的消极心理，认真负责地工作，这样你才不会被“吃掉”。真正的平庸，不是指你没有能力，而是说你舍弃了能力培养的机会，放弃了自我发展及融入社会的机会。平庸的人，就像水面上漂浮的水沫子，是被水流激打出来的。平庸的人，是到处挖坑，每个坑都挖得不深的人，深深浅浅的坑他挖了一大堆，但没有哪一个是出水的，浅尝辄止的结果是没有一技傍身，最终在优胜劣汰的环境中被淘汰出局。

从平凡到平庸，是一件很容易的事，只要心中懈怠，就滑向了平庸的边缘。毋庸置疑，每个单位都会有很多平凡的工作岗位，也会有很多平凡的员工，因为人的能力是有高低差别的，那些平凡的员工在自己的工作岗位上名尽其才，发挥了自己的才能，所以他的人生价值是得到了体现的。但也有很多人甘愿平庸，以为那样自己的压力小，会很轻松自在。事实上，单位需要前一种人，但绝不需要后一种人。

同样，从平庸到优秀只有一步之遥，但有的人终其一生也无法跨越。只有当你选择了如何优秀，你才能做到如何卓越。有了尽最大的努力把事情做好的志向，不断对自己提出更高的标准，你一定会赢得别人的尊敬，做出令人叹服的成绩。

可见，选择平凡，并没有错误，也并不可怕，可怕的就是一个人无所事事、平庸地生活。做人可以平凡，但不能平庸。因此，一定要怀有一颗平常心，调整心态，爱岗敬业，善待自己，珍爱生命，让自己的生命放射出灿烂的光华来，这样才不负人生一场。

选择的智慧

1961 年，李开复出生于中国台湾。曾就读于卡内基梅隆大学，获计算机学博士学位，后担任副教授；在苹果公司工作了六年，主管该公司的多媒体部门；曾担任 SGI 公司的多媒体软件子公司——Cosmo Software 的总裁；1998 年 7 月加盟微软公司，并于 11 月出任微软中国研究院（现微软亚洲研究院）院长；2000 年升任公司副总裁，调回总部负责自然界面部；2005 年 7 月加盟 Google，现任 Google 全球副总裁、中国区总裁。

从 2000 年起，李开复陆续发表了七封《给中国学生的信》，其中一封的主要标题就是：选择的智慧。

在他看来，对于年轻人来说，“最重要的不是具体的准则或方法，而是在复杂情况下权衡各种影响因素，并以最为智慧的方式作出正确抉择的能力。”他将这种能力称为“选择的智慧”。

在这篇 7000 多字的演讲中，李开复给我们提出了 8 种选择的智慧。

1. 用中庸拒绝极端

李开复说：“‘中庸’是儒家思想的精华……中庸告诉我们的最重要的一点，就是要避免并拒绝极端和片面。”

所以，“沉默是金”和“口无遮拦”都不可取。为此，他讲了一个自己的亲身经历：

记得我刚进入苹果公司开始我的第一份工作时，公司里有一位经理叫西恩，大家都知道他是一个非常有才华的人，尤其在开会的时候，他得体的言辞完美地展现出他过人的才学、情商与口才，足以让在场的所有人钦佩不已。

有一天，我鼓足勇气去向西恩讨教有效沟通的秘诀。西恩说："我的秘诀其实很简单：我并不总是抢着发言，当我不懂或不确定时，我的嘴闭得紧紧的。但是，当我有好的意见时，我绝不错过良机——如果不让我发言，我就不让会议结束。"

我问他："如果别人都抢着讲话，你怎么发言呢？"

西恩说："我会先用肢体语言告诉别人：下一个该轮到我发言啦！例如，我会举起手，发出特殊的声响（如清嗓子声），或者用目光要求主持人让我发言。但是，如果其他人的确霸占了所有的发言机会，我就等发言人调整呼吸时，迅速接上话头。"

我又问他："如果你懂得不多，别人怎么向你咨询呢？"

西恩说："我会先看看有没有比我懂得更多的人帮我回答。如果有，我会巧妙地把回答的机会'让'给他；如果没有，我会说'我不知道，但是我会去查'，等会开完，我一定去把问题查清楚。"

他最后总结到：只要把握好说话的度，选择好说话的时机，就可以得到周围人的尊敬。

2. 用理智分析情景

李开复说："中庸之道不但强调守诚中道，也要求我们择善而从。在面临选择时，我们先用第一个智慧避免走向极端的陷阱，然后用第二个智慧在复杂、多变的环境中，审慎而冷静地选择最好的解决方案。"

"人生中的绝大多数选择都不是非黑即白、非此即彼的事情。要学会在最合适的时候对最合适的人用最合适的方法，要学会在做出决定前用理智全面衡量各种因素的利弊以及自己的能力和倾向。"

3. 用务实发挥影响

李开复说："选择完整与均衡时，你必须首先弄清楚，你面临的事情是你能够影响到的，还是你根本无力改变的。”

“事实上，碰到问题时，你只要耐心地将它分解开，看看哪些部分是你可以影响的，哪些部分是你可以关注但却无法影响的。然后，去努力争取那些可以‘间接影响’的问题，让它们变成可‘直接影响’的，同时把全部心力投入自己的影响圈——你可以在这样的过程中不断获得进步，这反过来又可以让你进一步扩大自己的影响圈。”

所以，解决问题的第一步是：先影响自己，再影响别人，最后才有可能影响环境。

4. 用冷静掌控抉择

“人生就是一场不断抉择的游戏，这其中最重要的是，我们要用冷静的态度掌控每一次抉择的全过程：在抉择前‘重重’思考，抉择后‘轻轻’放下。”

“所谓‘重重’思考，就是要培养客观的、精准的判断力。每一个重要的抉择可能都与你自己的前途密切相关，但你在抉择和判断时，一定要避免先入为主的思维定式，避免自己的主观倾向影响判断的精准和客观。”

在这里，李开复为我们提出了三种抉择的建议：

（1）把影响你抉择的因素罗列成一张“利弊对照表”。

在利弊对照表中写出每个因素的利益和弊端，然后借助该表客观地分析，哪些利益和弊端对你来说最为重要？这些因素是否符合你的价值观和理想？

（2）学会用概率论的方法看问题。做概率分析时，可以列出“最好的可能”和“最坏的打算”，以帮助自己综合考量。

（3）当自己不确定时，学会谋之于众。

那些更有经验的人可以用他们多年的积累为我们指引方向，那些聪明绝顶的人可以用他们的智商启发我们的思路，那些懂得人际关系的人可以用他们的情商帮助我们有效沟通……

“所谓‘轻轻’放下，就是说我们在做出抉择后，应当坦然面对可能发生的任何结果，既不要因为抉择正确而欣喜若狂，也不要因为抉择失误而悔恨终生。”

无论抉择正确与否，无论它的结果如何，已经做出的决定就无法收回了，你只有坦然接受它，或者在今后想办法补救。对于已经发生的事情，或者自己已经无法控制的事情，任何担忧或悔恨都是多余的。与其把时间花在无谓的焦虑上，倒不如把这些东西“轻轻”放下，然后一身轻松地去做自己应该做的事。

5. 用自觉端正态度

没有自觉的人不能正确地评价自己。

6. 用学习累积经验

一个年轻人问智者：“智慧从哪里来？”

智者说：“正确的判断。”

“正确的判断从哪里来？”

智者说：“经验。”

年轻人进一步问：“经验从哪里来？”

智者回答：“错误的判断。”

这是一个很有哲理的寓言，错误是事业发展最好的燃料。

7. 用勇气放弃包袱

当新的机会到来时，勇于放弃已经获得的东西并不是功亏一篑，更不是半途而废，这是为了谋求新的发展空间。如果你在适当的时候勇敢地——当然也应该是有智慧地——放弃已经拥有但可能成为前进障碍的东西，你多半会惊讶地发现：自己抛开的不过是一把虽能遮风挡雨、又会阻碍视线的雨伞，自己因此而看到的却是无比广阔、无比壮丽的江山图景！

8. 用真心追随智慧

李开复告诉我们：“在25岁以前，通常都会面临两个重要的选择。一是选择最适合自己的专业，二是选择最适合自己的工作。选择专业时，不应当只听从父母的意见，也不应当只看学校的名气大小或报考该专业学生的分数高低。相应的，选择工作时也不能单纯地考虑名、利、时尚等外在因素。我想，最重要的还是要听从你内心的声音，在综合权衡自己的理想、学习积累、天赋以及工作条件的基础上，做出正确的抉择。”

“每个人的‘真心’‘理想’‘兴趣’不同，每个人的机遇不同，参加的团队不同，学习的机会不同，擅长的‘态度’或‘行为’也不同。所以，你有选择的权利，只要用智慧做出正确的选择，你就能成为‘最好的你自己’。”

直面困难，勇于冒险

一位父亲为他的儿子怯懦而感到苦恼，都已经十六七岁了，却一点男子汉的气概都没有。毫无办法之际，他去拜访一位拳师，请求这位武术大师帮助训练他的儿子，重塑男子汉的勇气。拳师说："把你的男孩留在我这里半年，这半年里你不要见他。半年后，我一定把你的孩子训练成一个真正的男子汉！"

半年后，男孩的父亲来接男孩，拳师安排了一场拳击比赛来向这位父亲展示这半年来的训练成果，被安排与男孩对打的是一名拳击教练。教练一出手，这男孩便应声倒地。但是，男孩才刚刚倒地便立即站起来接受挑战。倒下去又站了起来……如此来来回回总共有二十多次。

拳师问这个父亲："你觉得你孩子表现得够不够男子汉气概？"

"我简直无地自容了，想不到我送他来这里训练半年多，我所看到的结果还是这么不经打，被人一打就倒。"父亲伤心地回答。拳师意味深长地说："我很遗憾，因为你只看到了表面的胜负，但你有没有看到你儿子倒下去又立刻站起来的勇气和毅力呢？那才是真正的男子汉气概！"

爱迪生被灯丝击倒了 9999 次，但他站起了 9999 次。在第 10000 个回合中，爱迪生没有倒下。只有站起来的次数比倒下去的次数多一次，事业才会成功。

在干涸与炎热得冒火的沙漠里，据说有一种植物能够生存千年不死，死后千年不倒，倒后千年不腐……这种植物叫胡杨。它以坚强的勇气、决心、意志和斗志，为自己赢得了人们的惊叹、尊敬与赞赏。

作为血气方刚的年轻人，如果也能够像沙漠里的胡杨一样，不被任何困难吓倒，不被任何打击打垮，那么，他同样会得到人们的惊叹、尊敬与赞赏，他会因此而魅力大增。

当你在开始一天的工作时，你将如何面对这个世界呢？是否在你的内心潜伏着一种恐惧感，并且在你的脸上写着“我不清楚今天在我身上到底会发生些什么事情”这句话呢？或者，你是否带着所有思想中最重要的一种因素——勇气上路呢？

一个永不丧失勇气的人是永远不会被打败的。就像弥尔顿说的——

即使土地丧失了，那有什么关系。

即使所有的东西都丧失了，

但不可被征服的志愿和勇气，

是永远不会屈服的。

一位睿智的古罗马哲学家塔西佗这样说：“诸神带着浓厚的兴趣，看护着超常的勇气。”

人们往往通过一个人内在的精神来评价这个人，而人的本身是由他的决心、意志力和勇气创造出来的。如果人的身上有一种完美的精神，就好像在奥运会世界冠军身上的一样，那么这个世界会注意他，他就代表了某种特殊的东西，许多人会被他的勇气而折服，他就是一个有魅力的创造者和成功者。

如果你有这样一个不可战胜的灵魂，那么无论在你身上发生什么不顺利的事都无法影响你的继续努力。

尽管我们从小就听说过许多表现出极大勇气的英雄故事，但我们更需要在家里、在日常生活中拥有同样的勇气。无论发生了什么事情，平静地带着微笑去面对这个世界，这需要极大的勇气。

一个水手的儿子在他很小的时候，第一次随大人上船去玩。他伏在甲板上看海，忽然他看见在船后有一条很大的鱼。他指给别人看那一条大鱼，但奇怪的是没有人看见这条鱼。大家想起来一个传说，说海里有一种怪物形状像鱼，一般人看不见。如果一个人能看见它，这个人将因它而死。

从此这个人不敢再到海上，也不敢再乘船。但他经常到海边，每次他走到海边，都能看见这条鱼在海里出现。有时他走在桥上，就看见这条鱼游向桥下。他渐渐习惯了看到这条鱼，但是他从不敢接近这条鱼。就这样他度过了一生。在他年老面临死亡的时候，他终于忍不住了，决定到鱼那里去，看看到底会发生什么。他坐上一条小船，划向海里的大鱼。他问大鱼："你一直跟着我，到底想干什么？"大鱼回答："我想送给你珍宝。"他看到了大量的珍宝。他说："晚了，我已经要死了。"第二天，人们发现他死在了他的小船上。

用心理学来分析，这里的海是潜意识的象征，海像潜意识一样，浩瀚无边又深不可测，隐藏着无数的奥秘。大鱼就是大海的奥秘，是潜意识中的精神的象征，直觉的象征。如果一个人进入了自己的潜意识，他就注定不能过一般人的生活。进入潜意识中是有危险的。如果你的潜意识里存在着心理矛盾，而你无力解决这样的矛盾，又贸然介入太深，你的心理平衡就会受到威胁。

但是，在我们的潜意识里，固然有危险的成分，有时也不尽然。如果那个看到鱼的人较早鼓足勇气，勇敢地冒险接近它，他也许已经是百万富翁了，但他却错过了这种机遇。一次，有人问农夫是不是种了麦子。农夫回答："没有，我担心天不下雨。"那个人又问："那你种了棉花了吗？"农夫说："没有，我担心虫子吃了棉花。"于是那个人又问："那你种了什么？"农夫说："什么也没种。我要确保安全。"

一个不冒任何风险的人，只有什么也不做，就像那个农夫一样，到头来，什么也没有，什么也不是。他们回避受苦和悲伤，但他们不能学习、改变、感受、成长、爱和生活。他们被自己的态度所捆绑，是丧失了自由的奴隶。不愿意冒风险的人，不敢笑，因为他们怕冒愚蠢的风险；他们不敢哭，因为害怕冒别人耻笑的风险；他们不敢向他人伸出援助之手，因为要冒被牵连的风险；他们不敢暴露感情，因为要冒露出真实面目的风险；他们不敢爱，因为要冒不被爱的风险；他们不敢希望，因为要冒失望的风险；他们不敢尝试，因为要冒失败的风险……

但是我们必须学会冒险，因为生活中最大的危险就是不冒任何风险。鸵鸟在遇到危险的时候常常行掩耳盗铃之举，把自己的头藏在沙土中获得心灵上的解脱。我们成年之后，虽然知道好多事情不能躲避，必须要坚强面对，要冒风险，我们还是在心底存留着那种逃避和找寻安慰的想法。其实，困难和风险也是欺软怕硬的，你强他就弱，你弱他就强。我们要时刻记得，最困苦的时候，没有时间去流泪；最危急的时候，没有时间去犹豫。冒险则意味着你更有可能成功。承受风险的心理素质与对风险的抵御能力是在不断承受的过程中锻炼出来的。

定律 4

目标明确，才能找准方向

没有目标，就没有动力

1952 年 7 月 4 日清晨，美国加利福尼亚海岸笼罩在浓雾中。在海岸以西 21 英里的卡塔林纳岛上，一位 34 岁的妇女跃入太平洋海水中，开始向加州海岸游去。要是成功的话，她就是第一个游过这个海峡的妇女。这名妇女叫弗罗伦丝·查德威克。在此之前，她是游过英吉利海峡的第一个妇女。那天早晨，海水冻得她全身发麻，雾很大，她连护送她的船都几乎看不到。时间一个小时一个小时地过去，千千万万人在电视上看着。有几次，鲨鱼靠近了她，被人开枪吓跑了，她仍然在游着。

15 个小时之后，她又累又冷，她知道自己不能再游了，就叫人拉她上船。她的母亲和教练在另一条船上。他们都告诉她离海岸很近了，叫她不要放弃。但她朝加州海岸望去，除了浓雾什么也看不到。几十分钟后——从她出发算起是 15 个小时 55 分钟之后——人们把她拉上船。又过了几个小时，她渐渐觉得暖和多了，这时却开始感到失败的打击。她不假思索地对记者说："说实在的，我不是为自己找借口。如果当时我能看见陆地，也许我能坚持下来。"人们拉她上船的地点，离加州海岸只有半英里！

没有目标的人，就像没有舵的船，只能漂泊在失望与挫折的大海之中。一个人看不到自己的进步，就会在困难中放弃努力，因为他们看不到希望，自然就失去了继续前进的动力。

法国博物学家让·亨利·法布尔经过反复观察发现，巡游毛虫在树上的时候，往往排成长长的队伍前进，由一条虫带队，其余的毛虫则紧紧跟着，心无旁骛，鱼贯而行，从不分离。于是法布尔就把一组毛虫放到一个圆形大花盆的盆沿上，使它们首尾相接，排成一个圆形。这些毛虫开始行动了，像一个长长的游行队伍，没有头，也没有尾。法布尔在毛虫队伍旁边摆了一些食物，如果毛虫要想吃到食物就必须解散队伍，不再一条接一条前进。法布尔预料，毛虫很快会厌倦这种毫无用处的爬行，而转向食物，可是毛虫没有这样做，依然有序地、执着地循序环行，一直以同样的速度沿着花盆边沿走了 7 天 7 夜，直到饿死为止。

这个小实验经常被成功学家们作为著名例证，用以说明人生目标的重要性。没有确定人生目标的人，就如这些毛虫一样碌碌无为空耗人生。毛虫们遵循的是它们的本能、习惯、传统、惯例、过去的经验，或者随便你叫它什么好了。它们没有自己的目标，只是盲目地“跟进”，尽管工作很努力，生活很忙碌，但最终是一事无成，还落了个饿死的下场。

每个人都应该有一个能够让自己信服且为之奋斗的目标，这个目标并不一定是个确定的值，而是自己设定的在将来的某个时间点要达到的职业成就及社会阶层。

当你明确了自己的人生目标，便找到了人生的主流，也就是找到了奋斗的方向。你会明白：做什么事情是重要的，什么样的知识是你必须掌握的。

有一个术语叫“选择性信息加工”，就是说，世界上的信息（包括知识）是无止境的，你只要选择对你有用的。因为你的精力是有限的，你没有必要浪费你的资源。一根铁链最脆弱的一环决定着它的强度，你只要审视你的各项必备生活能力，找到那些脆弱的环节，集中精力提高强度，你便会永远进步。

而这一切，正依赖于你有一个明确的目标。要知道，目标对于成功具有以下价值：

（1）目标能够使你看清自己的使命。

（2）目标能让你安排事情的轻重缓急。

（3）目标引导你发挥潜能。

（4）目标使你有能力把握现在。

（5）目标有助你评估事业的进展情况。

（6）目标为你提供了一种自我评估的重要手段。

（7）目标使你未雨绸缪。

（8）目标使你把工作重点从工作本身转到工作成果上。

总之，一个人没有自己的目标是可怕的，有了目标才会有人生追求的高度。而人一旦有了追求，远方也就不再遥远。

梦想是需要付出行动的

尽管我们人人都有梦想，可是对绝大多数的人来说，梦想只是一种胡思乱想的幻象，因为连他们自己都不确信它的真实性，认为梦想只不过是精神生活的自我安慰，而没有在他们的实际行动中取得主导的地位。由于没有行动作为支撑，所以梦想的愿景也就永远不能变成现实。成功的人之所以会成功，是因为他们总是让梦想支配着自己的行动。渴望尊重，就应该有让人心悦诚服的理由；渴望财富，就应该有为之奋斗的决心……他们愿意为梦想付出努力，所以，他们终能梦想成真，心想事成。

在沃森很小的时候，有一件事令他记忆深刻。一次，他和伙伴们在马路边嬉戏玩耍，一辆漂亮的马车趾高气扬地掠过泥泞的道路，溅起的泥水弄脏了他们的脸和衣服。小沃森用手擦擦脸上的水渍，看着远去的马车，下意识地握紧了小拳头，并暗暗发誓：我将来一定也要有这么一辆车！

在当地人的眼里，属于一个成功商人的这辆马车，是权力和身份的象征。一个伐木工的儿子，也想拥有这样一辆马车，简直是痴人说梦。

但沃森相信这个梦。尽管他没钱、没背景、没学历，但他有梦想，并愿意为他的梦想付出不懈的努力。他认为这已经足够了！

沃森曾做过几份临时性的工作，但因为薪水少，都很快便放弃了，后来他做了一名沿街叫卖的推销员。这份工作很辛苦，但如果能干得很出色的话，收入也不低。沃森从来不怀疑自己的能力。

尽管沃森痴迷于赚钱，但却从没有产生过损人利己的念头。他认为，依靠不正当的手段获得成功，是不值得别人尊敬的。他的基本原则是：“一笔好的生意应该使买卖双方都从中受益。”

沃森总是从对客户有益的角度，来考虑自己的推销方式。当时美国的农户都不富裕，想购买钢琴或缝纫机一类贵重的商品，现金却不一定充足。于是，沃森允许他们用牛、小马、燕麦等物品来支付账单，他再将交易所得的家畜和农作物拉到市镇上去出售，换回现金。这样做比正常的交易要辛苦一倍，但生意做成之后，买卖双方都很高兴，这使他的客户群越来越大。

尽管沃森是本地最好的推销员之一，但收入却不多，每周仅 12 美元。这点薪水，是根本买不起马车的。他由此想到，销售业绩固然重要，但还需要有一位慷慨的老板。于是，他毅然辞掉工作，只身来到布法罗城寻找机会。在这里，他受雇于一个股票推销员，此人表示可以按一定的比例给他提成。沃森干得很卖力，业绩也很好。一年之后，正当沃森为即将到手的大笔提成而暗暗心喜时，此人却卷款而逃，带走了所有的钱。这样，沃森白白替他忙了一场，结果两手空空。

鉴于这一教训，沃森认为，他不仅需要一位慷慨的老板，更需要关注这位老板的人品。抱着这种想法，他花了很长时间去寻找新的工作，最后受雇于信誉卓著的现金出纳公司。他的老板深谙经营之道，是被誉为“现代销售之父”的帕特森。在帕特森的指导下，沃森很快就成为公司最优秀的推销员，他的职位也不断得到提升。十年后，他一跃成为公司的副总经理。他的收入已经很高，拥有一辆马车根本不成问题。不过，时代已经变了，拥有一辆轿车才是新的身份和地位的象征，于是，他拥有了自己的小轿车。他童年的梦想实现了！

然而，在此时沃森的心目中，拥有一辆车早已不再是“出人头地”的全部内涵，他拥有了一个更大的梦想：要成为老板，创办一家比现金出纳公司更大的公司。沃森毅然放弃了高薪的职位，向帕特森递交了一份辞职报告，然后带着妻儿来到纽约，寻找新的机遇。他的择职条件很高，薪水和职位固然是考虑的因素，但他更需要一份值得为之奋斗终生的事业。他拒绝了许多公司的邀请，其中包括一些令许多人向往的知名公司。

过了几个月后，沃森发现了计算制表记录公司。因经营不善，这家公司已是负债累累，正濒临倒闭。对这种公司，很多的求职者都避之唯恐不及，但沃森却怀着一份天才的激动，感谢上帝给了他这个展示才华的机会。他用了几周的时间，来分析这家公司的处境和发展状况，最后得出一个结论：这家公司所生产的产品，都是办公自动化的工具，具有非常广阔的前景。

于是，沃森加入计算制表记录公司，并成为其中的一员。自此之后，他开始了令人目瞪口呆的创业之旅，并将这家小公司逐渐培养成为走在世界前列的国际商用机器公司——IBM，他还连续多年担任国际商会主席。

此人就是托马斯·约翰·沃森——IBM（国际商用机器公司）的创始人，是20世纪上半叶世界上十个最伟大的企业家之一。他于1896年进入美国“全国收款机公司”担任推销员，1914年进入计算制表记录公司担任公司的经理。1924年，他把计算制表记录公司改名为IBM公司，成为IBM的创始人。可以说，沃森实现了他人生最大的梦想：通过自己的努力，赢得了全世界的尊重。

老沃森的成就无疑是伟大的，但对他而言，更令他欣慰的则是他的儿子小沃森——为IBM锦上添花的伟大的企业家。正是老沃森独特的教育和以身作则的风范，成就了IBM家族的辉煌。老沃森并没有给小沃森什么特别的照顾，但是给了小沃森一个最为关键的忠告：一个人的成就，通常不会高于他的梦想，就像一座房子不会盖得比它的设计图更好一样。你的人生将达到何种高度，取决于你有怎样的梦想，以及你的梦想是否在你的人生中居于支配的地位，并引导你的行为。

成功的企业家们超出凡俗之处，就在于他们敢于梦想，并忠实于梦想。他们坚定不移地行走在通往希望的道路上，不会因生活际遇的变化而偏离自己的轨道，也不会在外界的诱惑面前瞻前顾后，这样，他们就能够集中注意力，并指向一个目标，从而在人生的奋斗拼搏中，去创造一个又一个奇迹。

定位准确，走的路才正确

凡成功者，都是根据自己的长处来确定自己的人生方向，对自己的弱点和短处设法避开，从而如愿以偿。在人生的坐标系中，一个人用他的短处而不是长处来谋生的话，那是非常可怕的，他可能会在永久的自卑和失意中沉沦。

一个人能否成功，在某种程度上取决于自己对自己的评价，这种评价有一个通俗的名词——定位。在心中，你给自己定位是什么，你就是什么，因为定位能决定人生，定位能改变一个人的命运。

为了使自己充分发展，进行全面准确的定位是至关重要的，记住：在很大程度，你可以掌握自己的命运，决定自己的价值！

一个乞丐站在地铁出口卖钥匙链，一名商人路过，向乞丐面前的杯子里投入几枚硬币，匆匆而去。过了一会儿后，商人回来取钥匙链，说："对不起，我忘了拿钥匙链，因为你我毕竟都是商人。"

几年后，这位商人参加一次高级酒会，遇见了一位衣冠楚楚的老板向他敬酒致谢，并告知说："我就是当初卖钥匙链的那位乞丐。"生活的改变，得益于商人的那句话。

这个故事告诉我们：你定位于乞丐，你就是乞丐，当你定位于商人，你就是商人。

当乞丐以商人的心态来看待自己时，他就成了一名成功的商人；当他把自己当成真的乞丐时，也许他一辈子就是乞丐。

许多成就卓著的人士，他们的成功首先得益于他们充分了解自己的长处，根据自己的特长来进行定位或者重新定位，最终找准了真正属于自己的行业。

谁是李彦宏？百度公司董事长、总裁兼创始人。根据 2007 胡润 IT 富豪榜显示：李彦宏以 180 亿元身价成为 IT 首富（2007 胡润百富榜排在第 29 名）。从 2000 年开始创业，几年的工夫，李彦宏依靠百度足足赚到了 180 亿元人民币。

“百度”如一条坚固、快捷、宽敞的船，不仅将李彦宏摆渡到了堆了金山银山的财富彼岸，还将同一条船上的人也一同捎了过去。2005 年 8 月 5 日，5 岁多的百度在美国的纳斯达克成功上市，狂升的股价于一夜之间让李彦宏拥有近百亿身价，并为他的公司造就了 7 个亿万富翁、51 个千万富翁、240 多个百万富翁。

李彦宏于 1968 年出生在山西阳泉，其父母都是普通工人。李彦宏有三个姐姐，一个妹妹。五个孩子的家庭，生活注定是拮据而困窘的，他的父母每天操心的是如何保证一家人能填饱肚皮。和那个时代所有的同龄人一样，李彦宏平凡而又普通。我们看不出这个小兵将来能成多大的气候。

2006 年 12 月，李彦宏以互联网显贵的身份，参加了凤凰卫视的“鲁豫有约”。当美女主持鲁豫请李彦宏给年轻人一个“最大的忠告”时，李彦宏是这样回答的：

“我觉得两条吧，第一条就是说，做自己喜欢做的事情，因为如果你做的事情你不喜欢的话，碰到困难你很有可能就退了，就放弃了就不去做了。第二条要做自己擅长做的事情。”

类似的话，在次年的一个公开场合里我们再次听到。2007 年 9 月，功成名就的李彦宏到哈尔滨工业大学做演讲。面对莘莘学子，李彦宏解读自己的成功秘诀：“我做的是自己喜欢的事情，我的工作就是我的生活……”

生活中，很多二十几岁的年轻人对自己的长处认识得还不够充分。例如，善于待人接物的人并不认为他们的特长与别人有什么区别；口才出众的人也不一定会想到这是自己身上的一个长处，有些时候，正是因为我们在生活中会不假思考地运用自己的特长，反而更容易忽视它们，不知道它们对自己有多么重要。这种人的失败，在于没有找准自己的位置，丢了自己的长处，而用了自己的短处。

乔治毕业于法国一所著名的工程学院，毕业后，他毫不费力地找到了一份专业对口的工作。但是，几年后，他越干越力不从心。后来，他回忆说，当工程师需要一种严肃而自律的精神，但是，自己恰恰缺少这种精神。与此相反，他性格外向，富有亲和力，又特别钟爱四处活动。按部就班的工程师工作很难使他获得心灵上的满足，提高不了工作的积极性，无法在这个行业实现事业的突破，所以，他很苦闷。在一次经济大萧条中，乔治被淘汰出局，成为一名失业者。这一次，他准备寻找一份适合自己的工作。抱着试试看的心态，他进入了一家工程销售公司，负责产品销售。结果他的特长渐渐得到了发挥，不到两年，他成为一名颇有成就的职业经理人。

自己的长处是帮助自己实现成功的最好工具。如果一个人对自己的长处了解不够，所处位置不当，他就永远休想有所建树。反之，如果找到自己的长处，就会挖掘出自己无限的潜能，便更容易取得成功。

我们现在生活在一个机会很多的时代。这些机会给了我们充分的自由，但同时也给我们带来了困惑。有很多人，抱怨不知道自己真正喜欢做什么。造成这种局面的原因是我们多年来压抑自己的喜好，忽略了自己的内心感受，总是有意无意中模仿他人，忘记了真实的自我。

一个人竭尽全力去做一件事而没有成功，并不意味着他做任何事情都无法成功。要是他选择了不适合自己性格的职业，这就注定难以成功。莫里哀和伏尔泰都是失败的律师，但前者成了杰出的文学家，而后者成了伟大的启蒙思想家。只有当一个人选择了适合他的工作，找到了适合他的位置时，他才有可能获得成功。就像一个火车头一样，它只有在铁轨上才是强大的，一旦脱离轨道，它就寸步难行。

时刻充满信心，前行的道路才更明确

安第斯山脉有两个好战的部落，一个住在低地，另一个住在高山上。有一天，住在高山上的部落入侵位于低地的部落，并带走该部的一个婴儿作为战利品。低地部落的人不知道如何攀爬到山顶，即使如此，他们仍然决定派遣勇士部队爬上高山去夺回这个婴儿。

勇士们试了各种方法，却只爬到了几百尺高。正当他们决定放弃解救婴儿，收拾行李准备回去时，却看到婴儿的母亲正从高山上朝他们走来，背上还缚着她的小孩。其中一位勇士走向前迎接她，说："我们都是部落里最强壮有力的勇士，连我们都爬不上去，你是如何办到的？"

她耸耸肩说："因为她不是你的小宝贝。"

对成功而言，你需要的不仅仅是希望，你要对自己的成就充满热切渴望的情绪。渴望和希望的区别，往往被一些语言学家所忽视了。"希望"这个词经常跟随一些虚拟语气，表达一种认为不可能实现的目标；"渴望"则体现着一种情绪的动力和精神上的信心。渴望是强烈的、有信心实现的希望。

渴望代表着一种信念，对未来的强烈信念。自信是对成功一种强烈的渴望状态。自信的诀窍就在对自我成功的渴求和认知上。成功学家拿破仑·希尔总结了关于"信心诀窍"的一套方法，列举了任何人都容易做到的八大诀窍——

诀窍一：在心中描绘一幅自己希望达成的成功蓝图，然后不断地强化这种印象，使它不致随着岁月流逝而消退模糊。此外，相当重要的一点是，切莫设想失败，亦不可怀疑此蓝图实现的可能性，因为怀疑将会对实行构成危险性的障碍。

诀窍二：当你心中出现怀疑本身力量的消极想法时，要驱逐这种想法，必须设法发掘积极的想法，并将它具体化。

诀窍三：为避免在你的成功过程中构筑障碍物，对可能形成障碍的事物最好不予理会，最好忽略它的存在。至于难以忽视的障碍，就下番功夫好好研究，寻求适当的处理良策，以避免其继续存在。不过，最好彻底看清困难的具体情况，切勿虚张，使其看来愈加显得困难。

诀窍四：不要受到他人的影响，而试图仿效他人。须知唯有自己方能真正成为自己，任何人都不可能成为另一个自己。

诀窍五：每天重复说10次这句强而有力的话："谁也无法抵挡我的成功。"

诀窍六：寻找对你了若指掌、且能有效提供忠告的朋友。你必须了解自己自卑和不安的问题所在。虽然这问题往往在少年时期便已发生，但了解它的来源将使你对自己有所认识，并帮助你获得援救。

诀窍七：每天大声复诵这句话10次："虔诚的信仰给了我无穷的力量，凡事都能做。"这句话对于克服自卑获得自信可称得上是最有效的良方。

诀窍八：正确评估自己的实力，然后多加一成，作为本身能力的弹性范围。

行动可以表露一个人的很多东西。一些优秀而有经验的雇主，能够从一个人的言谈举止中相当准确地判断出一个人的品行和才能。眼光敏锐的人能够从路过身边的人中指出哪些是成功者。因为成功者走路的姿势、他的一举一动都会流露出十分自信的样子，从他的气度上，就可以看出他是一个自主自立、有决断的人。一个人的自信和决心是他的成功资本。

在生存竞争中赢得最后胜利的人，行动中一定充满了无比的信心。看到他生气勃勃、精力充沛的样子，别人自然而然地对他产生信任和尊敬。而那些被击败、陷入困境的人，却总是一副死气沉沉的样子。他们看起来就缺乏自信和决断，无论是行动举止，还是谈吐态度，他们都容易给人一种懦弱无能的印象。这样，人们便不会充分地信任他们，把某种生意或者职权委托给他们，这对达成远大目标是非常不利的。因此，要使别人对你的目标有信心，就必须相信自己的未来不是梦。

十年后你是谁?

18 岁之前，女孩儿是个不知道自己想要什么的人，每天就在艺校里跟着同学唱唱歌，跳跳舞，偶尔有导演来找她拍戏，她就会很兴奋地去拍，无论角色多么小。直到 1993 年的一天，教她专业课的赵老师突然找她谈话，她问：“你能告诉我，你未来的打算吗？”女孩儿一下子愣住了。她不明白老师怎么突然问她如此严肃的问题，更不知该如何回答。

老师又接着问她：“你对现在的生活满意吗？”她摇摇头。老师笑了：“不满意的话，证明你还有救。你现在想想，十年以后你会怎样？”

老师的话说得很轻，但是落在她的心里却变得很沉重。她的心里顿时开了锅。沉默许久后，她说：“我希望十年以后自己能成为最好的女演员，同时可以发行一张属于自己的音乐专辑。”

老师问她：“你确定了吗？”她慢慢咬紧嘴唇：“是。”而且拉了很长的音。“好，既然你确定了，我们就把这个目标倒着算回来。十年以后你 28 岁，那时你是一个红透半边天的大明星，同时出了一张专辑。”“那么，你 27 岁的时候，除了接拍各种名导演的戏以外，一定还要有一个完整的音乐作品，可以拿给很多很多的唱片公司听，对不对？”“25 岁的时候，在演艺事业上，你要不断地进行学习和思考。另外，你还要开始录制很好的音乐作品。”“23 岁必须接受各种各样的培训和训练，包括音乐上和肢体上的。”“20 岁的时候开始作曲作词，并在演戏方面要接拍大一点的角色……”

老师的话说得很轻松，但是她却感到一种恐惧。这样推下来，她应该马上着手为自己的理想做准备了。可是她现在什么都不会，什么都没想过，仍然为小丫鬟、小舞女之类的角色而沾沾自喜。她觉得一种强大的压力忽然向自己袭来。老师平静地笑着说："要知道，你是一棵好苗子，但是你对人生缺少规划。如果你确定了目标，希望你从现在就开始做。"

想想十年后的自己——当她意识到这是一个问题的时候，她发现自己整个人都觉醒了。从那时起，她就始终牢记十年后自己要成为最成功的明星。所以，艺校毕业后，她开始很认真地筛选角色。渐渐地，她被大家接受了，她慢慢地尝到了成功的乐趣。

2003 年 4 月，恰好是老师和女孩儿谈话的十周年，她不知道是偶然还是必然，她居然真的拥有了属于自己的第一张专辑——《夏天》。

这个女孩儿就是如今红遍全国、驰名海内外的影视歌三栖明星周迅。从 1991 年到 2008 年初的 17 年间，周迅已拍摄过的各类题材的影视剧达 37 部，并成为 32 种知名品牌的形象代言人。迄今为止，她已获得过 45 个影视歌奖项，百花奖、金紫荆奖、金像奖、金马奖她都先后一一问鼎，她的歌曲也深受广大歌迷的喜爱。毫无疑问，所有这些成就的取得，正是周迅牢记老师的话，孜孜以求、奋斗不止的结果。

人生能有几个十年？只有及时地拷问自己："十年以后我会怎样，我是谁？"你才能及早规划，及早行动，并且矢志不移，百折不挠，这样你就会拥有多彩的人生。是的，时刻想着十年以后的自己，想想十年以后你是谁，会怎样，你就会离自己的理想和目标越来越近。

目标专一是成功的捷径

目标必须是明确而唯一的。有一个手表定理这样说：如果给你一块手表，你能很准确地知道现在的时间；而如果同时拿着两块手表，它们所指的时间不同，你却不敢肯定哪一个准了，反而失去了对手表指示时间的信心。

努力做事的人，一定有坚强的毅力，他可以将原本制订好的计划和确定好的目标一步步完成，不受任何外来因素的干扰。

现实生活中，有些人虽然有很高的理想，也会时常为实现某一目标而突发奇想地制订一个计划。可是在实施过程中，却缺乏足够的兴趣没有按计划去做，计划最终落空，这些人多是因为自己没有足够的毅力，慢慢地就冷却淡忘了：所以说，工作时仅仅制定目标是不够的，一般的人都会订立目标，但是有的成功了，有的却失败了，这取决于他是否专一于他所认定的目标。

有这样一则由三幅图画构成的漫画。第一幅是有一个人在挖水井，但没有挖到水；第二幅是这个人开始放弃这口井，而开始重新挖井，而井里仍然没有水；第三幅同样是他又放弃了第二口井，开始挖第三口井，这口井中仍然没有水。

这则漫画告诉人们，在工作中不能三心二意。选择好了挖井的地点，就要一鼓作气挖下去。漫画中的这个人，他如果将这三口井所费的时间和力气全都用于任何一口井中，都会很容易迅速挖出水来。然而他的这种挖法，在任何一处挖井都中途而退，可以推想他是永远也不会挖出井水来的。

对每一位追求成功的人来说，目标专一的力量都是无穷的。英特尔是一家电脑晶片制造商，他们致力于把全部资源都放在制造更好的晶片上，使自己的晶片在不到 10 年的时间里，就达到比电脑处理机速度快 4 倍以上的能力。他们以一年快过一年的速度设计，不断推出处理速度更快的晶片，保持自己在世界上的领先地位。他们之所以有这样的成就，就是因为英特尔公司专心致力于微处理机的研制工作，而不去关心其他（例如软件或数据机之类）的事情。

目标专一，并非不求上进，而是一种锲而不舍、全神贯注的追求。不但要有魄力，而且要有定力，摆脱其他事物的诱惑。不为一切名利权位等中途易辙。这种定力是决定一个人能否“挖出井水”的最重要的条件。

一个人，能认清自己的才能，找到了自己的方向，已属于不易；更不容易的是能抗拒潮流的冲击。许多人只是为了某件事情时髦或流行，就跟着别人随波逐流。他忘了衡量自己的才干与兴趣，最终找不到自我，所得只是追逐一时的热闹，而失去了真正成功的机会。

梭罗创作《湖滨散记》时，为了寻找感觉，跑到森林中过了两年的隐士生活。自己栽种豆和玉蜀黍为食，摆脱了一切剥夺他时间的琐事俗务。一心一意地去体验林间湖上的景色和他心灵所产生的共鸣。他从中发现许多道理，从而完成了《湖滨散记》这本名著。

古往今来，凡是有成就的人，都很注意专注于自己的目标，专心致志，集中突破，这是他们成功的根本原因。历史上不少人被埋没，除了社会原因之外，就是没有一个专注的目标，今天种瓜明天种豆，很难获得成功。

世界上无数的失败者之所以没有成功，主要不是因为他们的才干不够，而是因为他们不能专注于一个目标，他们将很多的精力消耗在一些琐事之中。现代社会的竞争日趋激烈，所以，我们必须专心一致，对自己的目标全力以赴，只有这样才能做到得心应手，取得出色的业绩。

大处着眼，小处着手

在实际生活中，许多年轻人常误以为自己能一步登天，所以常常梦想自己能一举成名，一夜之间就成为一个成大事者。实际上，这是根本不可能的。一方面是由于你的能力暂时还不够，另一方面是由于成功必须经过长久的磨炼。因此，真正成功的优秀人物往往都是善于“化整为零”的高手。从大处着眼，从小处着手，是他们处理问题的诀窍。

有些人尽管看上去好像是一举成名的，但如果你仔细研究他们的经历，你就会发现他们在此之前就已经奠定了牢固的基础。那些像泡沫式突然成功的人，永远是靠不住的，因为他们没有任何牢固的基础，最终仍会轻易地失去一切。

约翰是一位拥有出色业绩的推销员，他一直都希望自己能跻身于最高销售业绩者的行列中。最初这只不过是他的一个愿望，他从来没有真正地去争取过。直到3年后的一天，他想起了一句话：“如果让愿望更加明确，就会有实现的一天。”于是，他当天晚上就开始设定自己希望的总业绩，然后再逐渐增加，这里提高5%，那里提高10%，结果顾客增加了20%，甚至更高。业绩的不断提高，激发了约翰的热情。从此，不论碰到什么状况，从事任何交易，他都会设定一个明确的数字，来作为自己的目标，并在一两个月内完成。“我觉得，你的目标越是明确，你就越能感到自己对达成目标有着强烈的自信与决心。”约翰说，他的计划里包括“我想得到的地位、我想得到的收入、我想具有的能力”，然后，他把所有的访问都准备得充分完善，相关的业界知识，再加上多方面的努力积累，终于使他的业绩创造了空前的纪录，并在以后的职业生涯中效果更佳。

由此，约翰从中得出一个结论："以前，我不是不曾考虑过要扩展业绩、提升自己的工作成就。但是，因为我从来只是想想而已，不曾付诸行动，当然所有的愿望都落空了。自从我明确设立了目标，以及为了切实实现目标而设定具体的数字和期限后，我才真正感觉到，强大的推动力正在鞭策我去达成它。"

在日常生活、工作中，我们都会有自己的目标，而达到目标的关键就在于把目标细化、具体化。有人说，我将来长大要做一个伟大的人物，这个目标太不具体了。目标必须具体，比如你想把英文学好，那么你就定一个目标，每天一定要背 20 个单词、一篇文章，要求自己在一年之内就能看懂英文书报，由于你设定的目标很具体，并能按部就班地去做，就很容易达到目标。

有人曾经做过这样一个试验，他把学生分成两组，让他们去跳高。两组学生身高都差不多，先是一起跳了 7 尺，然后再把他们分成两组，对其中一组说："你们能跳过 7 尺 5 寸。"而对另一组只说："你们能跳得更高。"然后让他们分别去跳。结果，第一组由于有了 7 尺 5 寸这样的一个具体且实际的要求，他们每个人都跳得很高，而第二组则因为没有具体的目标，所以他们只跳过 6 尺多一点儿，只有少数人跳过了 7 尺 5 寸。为什么会这样呢？就是因为第一组有一个具体且实际的目标。

一座建筑是由一砖一瓦砌成的，但每块砖、每块瓦本身显得并不重要。同样的道理，成功者的一生是由无数个看上去微不足道的小方面所构成的。

你应时刻牢记这样一个问题：这有助于我实现自己的目标吗？用它去评价你做的每一件事，如果答案是不，即回头；反之，则要继续向前。

美国著名作家赛瓦里德说："当我放弃我的工作而打算写一本 25 万字的书时，我从不让自己过多地去考虑整个写作计划所涉及的繁重劳动和巨大牺牲。我想的只是下一段，而不是下一页，更不是下一章如何去写。整整 6 个月，我除了一段一段地开始外，我没想过其他的方法。结果，书自然就写成了。"

"循序渐进"的原则，对赛瓦里德起到了重要作用，对你也会一样。获取任何成功，都不是一蹴而就的事，都需要采取循序渐进的方法。许多人做事之所以会半途而废，并不是因为困难大，而是想到与成功的距离太远，正是这种心理上的因素而导致了失败，把长距离分解成若干个距离段，逐一跨越它，就会很轻松地实现，而目标具体化则可以让你清楚当前该做什么，怎样才能做得更好。

虽然我们的目标是指向将来的，是有待将来实现的，但目标却能够使我们把握住现在。这是因为目标要求我们把大的任务看成是由一连串小任务和小步骤所组成的，要实现任何理想，都要制定并达到一连串的目标。每一个重大目标的实现，都是一连串的小目标和小步骤不断得以实现的结果。所以，如果你集中精力于当前手头上的工作，心中明白现在所做的种种努力，都是在向将来的目标挺进，那你为了将来的成功，就不会走弯路。

我们必须清醒地意识到，大事往往是由很多的小事积累而成的，大目标的完成是由众多小目标的完成而积累出来的。每一个成大事的人，都是在完成无数的小目标之后，才实现了他们伟大的梦想。当你明白什么叫从大处着眼，从小处着手时，它将告诉你一个成大事的基本道理——学会从小目标开始，一点一点地寻求突破！想挣 1000 万，先要找到一个挣到 10 万的途径，再找挣到 100 万的途径，一个又一个小的选择实现了，你才更有可能成为一个实现伟大梦想的人。

如何制定未来的目标

平平安安地过日子是大部分人生活的目标。对此，只需付出每天过日子的必要精力就足够了。这种没目标的生活，不过是以看看电视而虚度生命。每晚时间在虚幻的悲喜剧、推理侦探故事、离奇怪诞影片等电视世界中消耗。夜幕一降，他们就习惯地坐到电视机旁，兴趣盎然地望着一个个画面。殊不知电视明星们正是瞄准了这些人而实现了自己的人生目标。

你有目标吗？如果没有，请静下心来，根据自己的兴趣、特长以及客观情况，为自己量身定做一个吧。如果你有了自己的人生方向时，该如何去制定切实可行的人生目标呢。

一般说来，最好是建立短期目标、中期目标和长期目标。在工作的不同阶段，要对形势发展进行分析，确定下一步方案。将计划进程的详细步骤列出来，可帮助你有效地对付工作或环境等条件变化可能带来的不利影响。你可以和你的同事、朋友、上司和家人共同探讨、努力，争取实现每一阶段的目标，或者改进计划，使之更加切实可行。订立了目标之后，不管目标是什么，都必须有务必实现的决心，才能称之为“目标”。订立了明确的目标之后，就要尽快地达成，这是最重要的先决条件。

规划未来并不能保证将来摆在面前的一切困难和问题都能得到解决或变得容易，也没有可以套用的现成公式。但是，它有利于你及早发现和较好解决新难题。

规划未来有助于提高你解决问题和调整心理的能力。当你想成就一项事业时，它会告诉你在每一步该干些什么，怎么干。比如你想成为一个企业家，可你眼下却还在给别人打工！怎么办？你可以尽其所能地让自己成为企业家。尽管无法预见将来社会会发展到什么程度，也不能预见我们每一个人的命运，但是，按照对未来的规划有条不紊地循序渐进是最重要的。只有这样，你才能不断地接近自己的理想。

如何规划未来？目标定得太低，就无法充分发挥个人的潜力；目标定得太高，就无法实现。必须衡量自己的能力，稍微高于自己能力可做到的程度，那才是好目标。那么，制定一个什么样的目标，怎样制定目标呢？

做任何事情，我们都要找其规律，只有这样，我们才能事半功倍，反之，则事倍功半。制定目标亦如此，如果我们能合乎规律地科学制定目标，也许就会早几年出人头地了。

明确的目标让我们有所适从、有所安心，可以指导我们的行动，否则我们在生活中就会像无头苍蝇一样到处乱窜。当我们有了目标与方向，就有理由使自己不断前进，不断成长，开创新天地，发挥创造力。要设立目标需要努力自律，一旦建立好了目标，就需要更多的努力并夜以继日来逐步实现。而督促职业生涯的航标不脱离目标，以及不断给自己设定新的目标，则需要更多的努力和自律。

要明白自己是什么样的人，搞清楚自己的真正需要，树立起明确的目标，并培养出强烈的动机和热情，朝你心中向往的那个方向前进。这是你自己的挑战，与其他任何人都无关。你必须面对现实，生活中每一件值得获取的事——冒险、轻松的心情、爱、精神上的成就、友谊、满足与愉快——都有代价，任何能使你的生存更有价值、生活更有意义的事都需要付出努力、时间、心血和行动。如果你不这样想的话，就一定会陷入更多的挫折。

为了制定适宜的目标，应该遵循以下基本原则：

1. 目标的明确性

有些人也有自己奋斗的目标，但是他们的目标是模糊的、泛泛的、不具体的，因而也是难以把握的，这样的目标同没有差不多。

目标不明确，行动起来就有很大的盲目性，就有可能浪费时间和耽误前程。

生活中有不少人，有些甚至是相当出色的人，就是由于确立的目标不明确、不具体而一事无成。

2. 目标的可行性

一个人的奋斗目标，一定要根据自己的实际情况来确定，要能够发挥自己的长处。我们通常把欲望和需要混为一谈，以至于我们看不到真正本质性的东西。由于这种混淆容易扭曲我们对成功的界定，因而，把我们真正需要的事物与那些我们不需要或仅仅是想象中的事物区别开来是很重要的。

3. 目标的专一性

一个人确定的目标要专一，而不能经常变幻不定。

确立目标之前需要进行深入细致的思考，要权衡各种利弊，考虑各种内外因素，从众多可供选择的目标中确立一个。

一个人在某一个时期或一生中一般只能确立一个主要目标，目标过多会使人无所适从，应接不暇，忙于应付。

生活中有一些人之所以没有什么成就，原因之一就是经常确立目标，经常变换目标。

4. 目标的具体性

确定目标不能太宽泛，而应该确定在一个具体的点上。如同用放大镜聚集阳光使一张纸燃烧，要把焦距对准纸片才能点燃。如果不停地移动放大镜，或者对不准焦距，都不能使纸片燃烧。

这也同建造一座大楼一样，图纸设计不能只是个大概样子，或者含糊不清，而必须在面积、结构、样式等方面都是特定和具体的。目标应该用具体的细节反映出来，否则就显得过于笼统而无法付诸实施。

5. 目标的长期性

一个人要取得巨大的成功，就要确立长期的目标，要有长期作战的思想和心理准备。任何事物的发展都不是一帆风顺的，世界上没有一蹴而就的事情。

有了长期的目标，就不怕暂时的挫折，也不会因为前进中有困难就畏缩不前。许多事情不是一朝一夕就能做到的，需要持之以恒的精神，还必须付出时间和代价，甚至一生的努力。

6. 目标的长远性

目标有大小之分，这里讲的主要是有重大价值的目标。只有远大的目标才有崇高的意义，才能激起一个人心中的渴望。

定律5

养成好习惯，才会有更好的发展

机会是由自己来把握的

汉武帝即位后，广招天下贤士，东方朔得到选拔录用。汉武帝命他当公车署待诏，但俸禄微薄，不受重视。东方朔感到很失落，他想呀想，终于想出一个改变自己境况的办法。

一天，东方朔对宫中看马圈的侏儒们说："皇上认为你们这些人毫无用处。耕田劳作种不好田，任职做官不能治理民事，参军入伍不会指挥作战，只会白白耗费衣食，如今皇上要把你们全部杀掉。"侏儒们听后非常害怕，大哭起来。东方朔又教唆说："皇上就要从这里经过，你们何不叩头请罪。"

过了一会儿，汉武帝果然前呼后拥地从这里经过。侏儒们都跪在地上，一边磕头一边痛哭。汉武帝不解地问："你们为什么哭？"侏儒们回答说："东方朔说皇上要把我们全杀掉。"汉武帝很生气，马上命人把东方朔招来，责问道："大胆的东方朔，你竟敢编造谎言，该当何罪？"东方朔正等待这样的机会，振振有词地说："侏儒身高 3 尺，俸禄是一袋粟，得 240 钱。臣身高 9 尺，俸禄也是一袋粟，也得 240 钱。侏儒饱得要死，臣却食不果腹。如果皇上认为臣有才能，请用厚礼待我；如果皇上认为臣无才能，请让我回家，不要让我在此消磨时光。"汉武帝听后哈哈大笑，知道东方朔是对自己发牢骚，所以并未怪罪。不久，东方朔被任命为金马门待诏，得到汉武帝的重用和宠幸。

很多人在单位里像老黄牛一样默默耕耘了很多年，就是没有升迁的机会，有的不免抱怨老板太不够意思，没有多关照一下自己。其实，这种情况下，应该问问自己，有没有做过什么特别的工作给老板留下深刻的印象？有没有说过令老板惊奇的话？如果没有，就不要抱怨什么了，因为你从来就不敢在老板面前展示自己与众不同的一面，老板事情那么多，自然很少会注意到你了。

秦国大军攻打赵都邯郸，赵国虽然竭力抵抗，但因为在长平遭到惨败后，力量不足。赵孝成王要平原君赵胜想办法向楚国求救。平原君是赵国的相国，又是赵王的叔叔。他决定亲自去楚国跟楚王谈判联合抗秦的事。

平原君打算带二十名文武全才的人跟他一起去楚国。他手下有三千个门客，可是真要找文武双全的人才，却并不容易。挑来挑去，只挑中十九个人，其余都看不中了。

他正在着急的时候，有个坐在末位的门客站了起来，自我推荐说："我能不能来凑个数呢？"平原君有点惊异，说："您叫什么名字？到我门下有多少日子了？"那个门客说："我叫毛遂，到这儿已经三年了。"平原君摇摇头，说："有才能的人活在世上，就像一把锥子放在口袋里，它的尖儿很快就冒出来了。可是您来到这儿三年，我没有听说您有什么才能啊。"毛遂说："这是因为我到今天才叫您看到这把锥子。要是您早点把它放在袋里，它早就戳出来了，难道光露出个尖儿就算了吗？"旁边十九个门客认为毛遂在说大话，都带着轻蔑的眼光笑他。可平原君倒赏识毛遂的胆量和口才，就决定让毛遂凑上二十人的数，当天辞别赵王，到楚国去了。

平原君跟楚考烈王在朝堂上谈判合纵抗秦的事。毛遂和其他十九个门客都在台阶下等着。从早晨谈起，一直谈到中午，平原君为了说服楚王，把嘴唇都说干了，可是楚王说什么也不同意出兵抗秦。台阶下的门客等得实在不耐烦，可是谁也不知道该怎么办。有人想起毛遂在赵国说的一番豪言壮语，就悄悄地对他说："毛先生，看你的啦！"毛遂不慌不忙，拿着宝剑，上了台阶，高声嚷着说："合纵不合纵，三言两语就可以解决了。怎么从早晨说到现在，太阳都直了，还没说停当呢？"楚王很不高兴，问平原君："这是什么人？"平原君说："是我的门客毛遂。"楚王一听是个门客，更加生气，骂毛遂说："我跟你主人商量国家大事，轮到你来多嘴？还不赶快下去！"毛遂按着宝剑跨前一步，说："你用不着仗势欺人。我主人在这里，你破口骂人算什么？"楚王看他身边带着剑，又听他说话那股狠劲儿，有点害怕起来，就换了和气的脸色对他说："那你有什么高见，请说吧。"毛遂说："楚国有五千多里土地，一百万兵士，原来是个称霸的大国。没有想到秦国一兴起，楚国连连打败仗，甚至堂堂的国君也当了秦国的俘虏，死在秦国。这是楚国最大的耻辱。秦国的崛起，不过是个没有什么了不起的小子，带了几万人，一战就把楚国的国都——郢都夺了去，逼得大王只好迁都。这种耻辱，就连我们赵国人也替你们害羞。想不到大王倒不想雪耻呢。老实说，今天我们主人跟大王来商量合纵抗秦，主要是为了楚国，也不是单为我们赵国啊。"

毛遂这一番话，真像一把锥子一样，一句句戳痛楚王的心。他不由得脸红了，接连说："说的是，说的是。"毛遂步步相逼："那么合纵的事就定了吗？"楚王对毛遂真是佩服得五体投地，连连表示同意。平原君签订合纵盟约后归来，从此，把毛遂作为上等宾客对待。

毛遂自荐的故事给我们的启迪是：一个人要成功就要善于把握机会、勇于在领导面前表现自己。

有位心理学家说过："能够吸引人家注意的人，是因为他每时每刻都在思索，即使是再小的事情也倍加小心。这种人并不是用扮演式、展览式地夸耀他的上司，而是在寻找自己分内职业以外的使自己的上司满意或感兴趣或上司想做但又没有付诸实施的事情。这种类型的人往往会得到上司的青睐和提拔。"

"老实做人，踏实做事"固然重要，但也要懂得表现，做好本职工作的同时要让领导注意到自己，别让事情"白"做了。

敬业精神是事业成功的前提

这是一个真实的故事。故事的主人翁是日本邮政大臣野田圣子。

当野田圣子还是一个妙龄少女时，她曾利用假期到东京帝国饭店打工，第一份工作是冲洗厕所。开始，野田圣子根本适应不了，当她手拿抹布伸向马桶时，本能的反应就是作呕。但酒店的上司对她要求极高，必须将马桶擦得光洁如新。她实在很为难，是鼓起勇气继续干下去，还是知难而退、选择跳槽？正当野田圣子犹豫不决时，单位的一位同事——曾经的厕所工来到她的面前，她没有用空洞的理论去讲述该怎么工作和人生之路该如何走，而是做了一下示范。

只见这位同事一遍遍擦洗马桶，直到擦洗得光洁照人。擦完后，她用茶杯从马桶中舀满一杯水，端起来一饮而尽，动作非常自然，好似喝了一杯可口的饮料。临走时，同事送给野田圣子一个意味深长的微笑，还送给她一束鼓励的目光。

同事没有一句话语，却使野田圣子的内心震颤了。她从未想到在人们眼中最肮脏的马桶，竟能刷洗到如此洁净。一个小厕所，竟显现出人生最高深的哲理。野田圣子激动得热泪盈眶，她痛下决心："就算我冲洗一辈子的厕所，也要在这个岗位上做一个最优秀的人！"

从此，野田圣子变成了一个爱岗敬业、立志创造奇迹的人。她的工作质量很快达到了那位同事的水平。假期结束，当经理验收考核成果，她在所有人面前，从她清洗过的马桶里舀了一杯水喝了下去。这个举动同样震惊了在场所有人，尤其让那位经理明白这名工读生是值得招揽的人才。

正是凭着这种简直匪夷所思的敬业精神，野田圣子毕业后顺利地进入帝国饭店工作。三十七岁以前，她是日本帝国饭店最出色的员工和晋升最快的人。三十七岁以后，她步入政坛，继而得到小泉首相赏识，成为日本内阁邮政大臣。

从野田圣子身上，我们看到了高度的敬业精神。

在经济迅速发展的今天，职业道德已经成为了我们工作中不可或缺的重要条件。而敬业就是一个职业人应该具备的职业道德中的一种。敬业不仅仅是拿人工资、替人工作、对领导有个交代，更重要的是要把工作当成自己的事业，要融合使命感和道德感，因为每个人的工作都不只是为了谋生，我们还要通过工作来实现自己的人生价值。

敬业是一种职业态度，也是职业道德的崇高表现。一个没有敬业精神的人，即使有能力也不会得到人们的尊重和接受。相反，能力相对较弱但具有敬业精神的人却能够找到自己发挥能力的舞台，并步步实现自身的价值。美国职业成功学家詹姆斯罗宾斯是这样阐述敬业精神的，“敬业，就是尊敬、尊崇自己的职业。如果员工以一种尊敬、虔诚的心灵对待职业，甚至对职业有一种敬畏的态度，他就已经具有了敬业精神。但是，他的敬畏心态如果没有上升到视自己职业为天职的高度，那么他的敬业精神就还不彻底，他还没有掌握它的精髓。”

2007 年全国道德模范称号的获得者之一王顺友是四川省凉山彝族自治州木里藏族自治县邮政局的一名普通投递员，自 1985 年参加工作至今，一直从事木里县城至白雕、三角垭、倮波乡的马班邮路投递工作。邮路往返里程 360 千米，月投递两班，一个班期为 14 天，22 年来，他送邮行程达 26 万多千米，相当于走了 21 个二万五千里长征，相当于围绕地球转了 6 圈。

王顺友担负的马班邮路，山高路险，气候恶劣，一天要经过几个气候带。他经常露宿荒山岩洞、乱石丛林，经历了被野兽袭击、意外受伤乃至肠子被骡马踢破等艰难困苦。他常年奔波在漫漫邮路上，一年中有 330 天左右的时间在大山中度过，无法照顾多病的妻子和年幼的儿女，但他却没有向组织提出过任何要求。他视邮件为生命，从未丢失过一个邮件。为保护邮件，他曾勇斗歹徒，不顾个人安危跳入冰冷河水中抢捞邮件。他吃苦不言苦，饿了就吃几口糌粑面，渴了就喝几口山泉水，自编自唱山歌，独自走在寂寞的崎岖邮路上。为了能把信件及时送到群众手中，他宁愿在风雨中多走山路，改道绕行以方便沿途群众，他从未延误过一个班期，准确率达到100%。他还热心为农民群众传递科技信息、致富信息，购买优良种子。为了给群众捎去生产生活用品，王顺友甘愿绕路、贴钱、吃苦，受到群众的交口称赞。

“为人民服务不算苦，再苦再累都幸福。”这是王顺友自编自唱的一首歌里的两句。他用行动充分表现出对事业的无限执着，同时为敬业精神作出了最好的诠释。

每一个公司中的员工都应该磨炼和培养自己的敬业精神，因为无论处在什么位置，做什么工作，敬业精神都是你走向成功的最宝贵的财富。但在现实中，却总有许多人不敢正视问题，在工作中偷懒，不负责任，遇到问题绕开走，对待工作总是敷衍了事，这样的员工头脑里根本没有对敬业的理解，更不会把工作看作是一种神圣的使命，这就是不忠诚于自我的表现。这种人总以为可以瞒骗领导或同事，他们却不知道旁观者清，被蒙蔽的只是他自己，领导对他们的所作所为其实是非常清楚的。

“追求热爱的事业，而非一份可以挣钱的工作。”这句简单的名言，或许可以使许多人避免失去对工作的热情。在职场中，我们通过工作，付出了劳动，就会领到相应的薪水，这是很正常的。但是，如果把工作的目的仅仅限定在就是为了每个月底领到那份薪水，这样就很难受到领导的喜欢和器重，更不会有什么大的成就和发展。

“拖拉”会使你一事无成

很多上班族常因做事磨磨蹭蹭而被上司警告甚至炒鱿鱼——早上慢吞吞起床，然后不紧不慢地穿衣服、吃饭；好不容易到了单位，签了到，他们慢吞吞地打开电脑、取出文件，丝毫没有时间观念；到了开会时间，同事都拿出笔来，而他还为笔放哪里了而犯傻。又到了中午该休息的时候了，同事出去溜达，他也不落后，丝毫不着急。下班时间到了，单位的工作没有完成，只好加班加点，这下可好，肚子又闹开了……

不容置疑，做事拖拉正是“穷忙”的主要原因之一，一次又一次的磨蹭容易导致工作量越积越多，最后让人找不到头绪。“我也知道‘穷忙’不好，可是，就是改不了拖拉的毛病。”女孩婧婧坦承，她从小就爱拖拉，以前在学校拖拉最多被老师、家长批评一通，工作后，拖拉已成为她的恶习，要改变就更难了。“拖拉的恶果是越来越忙，越来越穷。”婧婧一脸无奈的表情。

做事拖拉不仅仅是一种态度问题，更有一种病态、消极的心理因素在里面。做事拖拉的人通常非要等到最后一刻才拼命抱佛脚。这样的做事习惯往往使工作效果大打折扣，甚至因为无法在最后期限前完成指定的任务，而一次次失去成功的机会。

有一个小女孩名叫埃米，她有一个坏习惯，就是总把时间浪费在准备工作上。索顿先生开了一家水果店，埃米想过去工作赚点钱，因为她想买一双新鞋子。

在她住的村子里，索顿先生开了一个水果店，里面卖一些本地产的草莓等各种水果。一天，索顿先生对家境贫苦的埃米说：“你想挣点钱吗？”

“是的，”她回答，“我想买双新鞋，可是家里没有钱。”

“好的，埃米。”索顿先生说，“我今天在格林家的牧场里看到有许多漂亮的黑莓子，他们让任何人去采摘。你把摘的全卖给我，一斤付你 13 美分。”

埃米想到能挣到钱，高兴极了。于是飞快地跑回家，拿了一个篮子，打算立刻去摘莓子。

这时，她下意识地想到最好先算一下采 5 斤莓子能挣多少钱。于是她拿出笔和一块小板，算出来是 65 美分。

“如果能采 12 斤呢？”她盘算着，“我可以赚多少钱呢？”“天哪，”她算了一下，“我可以挣 1 美元 56 美分呢！”

埃米又算了下去，如果她采摘 50 斤、100 斤、200 斤时，索顿先生会付给她多少钱。为算这些钱，埃米花了不少时间，很快就到了中午吃饭的时间，她不得不下午再去了。

吃过饭，她匆忙地拿起篮子赶往牧场。许多男孩子在午饭前就已经在那里了。好的莓子几乎被摘光了，可怜的小埃米最后只搞到了一斤莓子。

在回家的路上，埃米想起了老师常给她讲的话：“做事情要趁早着手，因为一个实干者顶得上一百个幻想家。”

不要迟疑，立即行动，做你现在应该做的事。故事中的埃米总是把时间用在计算可以赚多少钱上而迟迟不去行动，最后，她自然不会赚到钱了。

乌龟住在一个阴暗的池塘，那里没有水草，照不到阳光，朋友也少。

一天，小金鱼刚好来到这里，问道：“小乌龟，你为什么还住在这里啊？大家都搬到旁边的池塘了，那里水质纯净，有荷花有莲藕，漂亮极了。小虾妹妹、泥鳅哥哥、螃蟹弟弟还有青蛙先生都搬到那儿去了。大家一起劳动，一起游戏，可开心啦。”

小乌龟听了，高兴极了，它从壳里探出脑袋：“好啊好啊，我也要搬去。”小金鱼听了，高兴地说：“我回去告诉大家，明天就来帮你搬家。”

小乌龟主意打定，决心到另一个小池塘，干一番大事业。

第二天，小金鱼、小虾、泥鳅、螃蟹和青蛙都来帮小乌龟搬家了，大家快活地叫道："小乌龟，小乌龟，收拾好了吗？大家都来了。"

小乌龟探出脑袋说道："今天我不搬家了。"大家奇怪地问："为什么？"小乌龟说道："东西我是都收拾好了，可是，今天太热了，我最怕热了，会热出病的。明天你们再帮我搬好吗？"朋友们听了，只好回去。

第三天，小金鱼、小虾、泥鳅和螃蟹又来帮他搬家了，青蛙大叔要忙着到稻田捉虫子没来。小乌龟探出脑袋，看看阴霾的天空，又缩了回去："东西都收拾好了，可是今天下雨太冷了，我可不想出门。我明天再搬吧。"朋友听了，有些生气地走了。

第四天，大家觉得受骗了，而且都忙得很，所以没有人来帮助他搬家了。小乌龟探出脑袋，想："东西都收拾好了，可是没有人来帮我，会累坏我的，今天还是不搬了。"

日子一天天过去了，小乌龟每天都憧憬着旁边的池塘，可是，每天都是缩着脑袋，躲在自己的壳里睡大觉。估计，它一辈子只能靠着憧憬过日子了。

想做成一件事情，就不要老找借口、拖拉，因为拖拉只会让自己越来越不想完成一件任务，到最后什么事情都没有做出来，小乌龟就是一个例子。同时，一旦养成习惯，行为拖沓就会阻止你创造新生活的欲望。在第一次做事拖拖拉拉后，拖拖拉拉就会像你的影子一样，总是跟着你。虽然有的时候你也会埋怨自己不应该这样子，但是你最终会受不了拖拖拉拉的诱惑而形成拖拖拉拉的习惯。

要战胜拖拉其实并不是很难，只要你掌握以下这些方法，相信你不会再为自己的拖拉而发愁。

（1）将工作分成若干"段落"。导致我们工作时拖拉的部分原因在于，我们总会下意识地认为，这个活儿实在太大了，已经到了难以完成的地步。那就不妨将它切割成若干个小"段落"，每次只专注于完成其中一部分，这项工作就会变得简单。

（2）改变工作环境。仔细看看你的书桌和办公室吧，它们究竟是令你工作欲望倍增，还是令你昏昏欲睡？如果是后者的话，那就有必要改变一下工作环境了。必须指出的是，某种曾令你灵感迸发的环境，过了一段时间后就会失去其神奇功效。

（3）制定详细时间表。某项工作仅有一个最后截止时间，我们会误以为时间还很多。这时除了像前面所说的将整个工作细分成若干段外，还应当给每个小阶段都制定一个最后期限。此举可以使你产生一种紧迫感。

（4）不要给自己拖延的借口。如果你的工作节奏过于拖沓，很可能是由于你为自己的拖延行为找到了太多借口。

（5）与能够激发行动欲望的人待在一起。仔细辨别出你的家人、朋友或同事中,到底哪些人能使你工作热情倍增(想必是那些富有进取心且踏实肯干的人)，然后有意识地增加与他们相处的机会，用不了多久，你就可以汲取他们的动力与精神了。

（6）交一个挚友。如果能找到一个知己的话，你的整个工作过程都会显得妙趣横生。小赵总是和自己的一个好朋友定期交流，询问对方的行动目标和工作进程。这种做法让他俩始终保持高昂的工作热情。

（7）向完成类似任务的人请教。哪些人已经完成了此种任务？然后与他们取得联系。因为那些活生生的证据会告诉你,只要切实采取行动,就可能美梦成真。

（8）重新明确行动目标。如果你在很长一段时间内的工作表现都显得很拖拉的话，你可以暂时离开工作一段时间（最好是短期休假），借机重塑自我。

（9）不要把事情弄复杂。你是否总想等待一个最理想的时机来达到目标？快把这想法抛到九霄云外吧，因为这世上从来就不存在“最佳时机”。

（10）抓紧时间行动。“想一千遍一万遍，不如做一遍。”如果始终不付诸行动，最后还是一无所获。所以，不管你为何行事拖拉，只要你还想把事情做成，就必须立即行动。

总之，在人的一生中，今天是非常重要的，寄希望于明天的人，终将一事无成。今天的事情推到明天，明天的事情推到后天，一而再，再而三，事情永远都不会有完成的时候。而只有那些懂得如何利用“今天”的人，才会在“今天”创造明天的希望。

每天进步一点点，距离终点更近点

日本在第二次世界大战中，被原子弹炸得体无完肤，可是在短短几十年之后却成为经济强国，它成功的原因究竟是什么呢？

当时日本在第二次大战结束后，经济一片萧条，日本企业界从美国请来一位叫戴明的管理学博士，戴明博士去日本之后就告诉日本人一个观念——每天进步一点点。他说，企业只要能够每天进步一点点，这个企业就一定能够茁壮成长。就这么一个再简单不过的观念被日本人采用了，所以，日本的企业都在研究每天如何进步一点点。这个信念造就了松下、本田、三菱的成功，使日本快速成为经济强国，这就是后来日本人所说的“改善管理”。

日本人几乎都不用发明任何新的东西，他们通常都是模仿，模仿别人已经有的东西然后加以改善，就像索尼发明随身听，虽然他们不是发明收音机的人，可是能够把收音机改善成为随身听，就是源于这个信念。到现在，日本的先进企业评比，最高的荣誉奖是“戴明博士奖”，可见日本人对戴明博士的尊重程度之高。

后来，陷入困境的美国福特汽车公司又把戴明博士请回去，他们开始相信戴明博士。戴明博士依然告诉福特公司：“每天进步一点点！”不久后，福特公司从倒闭边缘变成一年营业额超过 60 亿美金的巨人。

实际上，人生也就是一个追求比昨天更卓越的过程。

每个人对成功的看法都不一样，但有一点毋庸置疑，成功就是每天进步一点点——只要我今天比昨天进步，明天能比今天进步一点点，这样的过程就是成功。

有首儿歌脍炙人口，“阿门阿前一棵葡萄树，阿嫩阿嫩绿地刚发芽，蜗牛背着那重重的壳呀，一步一步地往上爬。阿树阿上两只黄鹂鸟，阿嘻阿嘻哈哈在笑它，葡萄成熟还早得很那，现在上来干什么？……阿黄阿黄鹂儿不要笑，等我爬上它就成熟了！”蜗牛努力地往葡萄树上爬，过程是艰辛的，但因为有目标有理想，也甘愿忍受这份艰辛。我们每一个人都可以拥有蜗牛的精神，我们可以不断地攀登自己生命的高峰。每天进步一点点，终有一天，我们可以在无限风光的巅峰俯视和欣赏这个美丽的世界。

每天进步一点点，这是蜗牛的精神，也是成功的绝招。只要每天踏踏实实地做一点，哪怕事情再小，时间长了，当你回望的时候你会发现，你已经走出了很远。

有一个美国教练，他始终以“每天进步一点点”这个观念作为自己的执教之道，从而成就了很多球队。洛杉矶湖人队以年薪 120 万美金聘请他来当教练，帮助他们提升战绩。教练来到球队之后要求 12 个球员：“可不可以罚篮进步一点点，传球进步一点点，抢断进步一点点，篮板进步一点点，远投进步一点点，每个方面都能进步一点点？”球员一想：这么容易，进步一点点当然可以了。很快，湖人队成为 NBA 总冠军。教练总结说，因为 12 个球员一年在 5 个技术环节中分别进步 1%，所以一个球员进步 5%，而全队进步了 60%。

生活中，只要我们每天进步一点点，那么一年就进步 365 个一点点，持续这样做，人生中任何一点点差距都有可能在几年后差距十万八千里。每天一点点，是我们工作所需要的，也是我们一辈子的事情。这就是我们每天的目标。

很久以前，有一个很有才华但不得志的少年，他整日郁郁寡欢，不知道为什么自己总是寻找不到成功的途径，于是他来到了一个寺院求救一位很有名望的长老。

少年在禅师面前不停地倾诉自己的不满与压抑，禅师始终微笑看着他，整整一天，他才倾诉完内心的苦闷，然后他请教禅师如何才能找到自己成功的方法。禅师将一把小茶壶递给他，对他说：“什么时候你用它把院子里的那口井浇满了，你也就找到自己的成功了。”

少年来到井旁，一下子愣住了，原来那口井的井口和水面的差距有好几米，就这么个浇法什么时候才能浇满？虽然有疑虑，但他自己也没什么更好的办法，于是就照着禅师的话去做了。

1年，2年，3年……直到少年变成青年，井里的水不仅没升高反而降低了不少，原来这口井比四周的农田高一些，当农田缺水的时候，井里的水就流到农田下面帮助灌溉。青年着急了，他跑到禅师身边求救。禅师还是笑眯眯地听着他的诉说，最后，递给他一个更小的茶壶告诉他："继续浇水。"青年没有办法，只有继续浇水。

又是1年，2年，5年，直到10年，青年变成了中年人，他已经没有了当年的浮躁，虽然井水依然在下降，但他已经能微笑着对待一切。虽然他还是一无所有，但是因为20年来他不间断的努力，四周的农田始终生长得很好，即使是在干旱的年份里也可以为农民带来丰足的衣食。周围的百姓把他当作农田的守护者，从自己的付出中他收获了尊敬、满足、踏实以及喜悦。20年前的忧虑，哀伤已经不复存在，有的只是成就感。水依然是不满的，但他的心已经满足。他明白了：成功不只是财富的积累而且是人生的积累、幸福的积累，只要今天比昨天好，就是一种进步、收获。

如今，飞速发展的科技，越来越快的节奏，越来越浮躁的人心，功利性和短视让很多人迷失了自我。他们对人生的追求变成了只看眼前，只争朝夕，希望今天播了种子，明天就收获到果实。他们满世界的寻找秘籍，他们满世界的问人：给我部葵花宝典吧，我明天就能发了财。殊不知即便拿到了武功秘籍，也仍需要刻苦的练习，假以时日才能最终成为武林高手。

一步登天做不到，但一步一个脚印能做到；一鸣惊人不好做，但一股劲做好一件事可以做到；一下成为天才不可能，但每天进步一点点有可能。每天进步一点点，听起来好像没有冲天的气魄，没有诱人的硕果，没有轰动的声势，可细细琢磨一下：每天，进步，一点点，那简直又是在默默地创造一个料想不到的奇迹，在不动声色中酝酿一个真实感人的神话。

做个不轻易满足的人

有一个徒弟跟随师傅学艺多年，他自认为已经把师傅的本领都学到了，便去向师傅辞行。

“师傅，我已经把您的手艺全学到了，可以出师了吧？”

师傅望了望得意洋洋的徒弟，笑着说：“你去装一大碗石子来吧，要装得满满的，直到装不下。”

徒弟很快装来了满满一碗石子。师傅问：“满了吗？”“满了！”师傅随手抓起地上的沙子，沙子慢慢地渗入石子中，没有溢出来。“满了吗？”师傅再问。“满了！”师傅又倒了一杯水下去，仍然没有溢出来。

徒弟这才明白师傅的良苦用心，从此踏踏实实地跟师傅学手艺，再也不提出师的事情了。

一个人永远不要有“满”感觉。唯有“不满”，方可不断进步，最终由“不满”趋向于“满”。

许多人取得了点小小的成绩就沾沾自喜，以为自己有了很大的收获，非常了不起，甚至对别人不屑一顾。这也就是人们平常说的骄傲自满。其实，这是一种认识的误区，也是心理不成熟的表现。平凡的人之所以一事无成，就是因为他太容易满足于现状。

青年时轻而易举地获得成功，若从此而心满意足，那将是获得最终成功的障碍。“10 岁神童，15 岁才子，过了 20 岁就只是平平凡凡的人了。”这句俗语，说透了其中的含义。

北宋时期，民间出现了一个“神童”，名叫方仲永。方仲永在五岁那年就懂得作诗，他的才能是无与伦比的。如果他进书院读书，长大之后，肯定是普天之下难得的人才，还有他那天生就有的才能，可是他绝对的优势。因为在那个时代，有许多人不会作诗，还有的人考功名怎么也考不上，他们读到老还在考，有句话说得好：“人是活的，书是死的，活人读死书，可以把书读活，而死书读活人，可以把人读死。”书对我们来说是多么的重要，知识是一片广阔的海洋，无边无际，是我们永远也学不完的。可方仲永的父亲认为仲永是天生的神童，不必接受后天的教育，同样可以出类拔萃。结果，方仲永长大之后，智力还不如平常人。

这个故事告诉我们：一个人不能满足于现状，要不断地学习、不断地设定新的目标，只有这样，才可能有更辉煌的人生。

现实中，贫困的人常能白手起家；反之，继承父母财产的人却往往家道中落。如此看来，没有欲望的人，就好比没有上发条的钟表一样。而要想让钟表走动，就必须费些力气上紧发条。

美国富翁比尔·盖茨从微软退休之时，一项计划正在轰轰烈烈地实施，那就是捐掉他全部 580 亿美元的个人财产。在接受英国 BBC 电视节目“Newsnight”采访时，比尔·盖茨表示，这是他和妻子共同的决定，“我们希望以最能够产生正面影响的方法回馈社会”。

所谓“最能够产生正面影响的方法”，就是向社会捐献他的全部财产，一分都不留给孩子。而此前，比尔·盖茨也曾公开过他的遗嘱：其个人财产的 98% 将捐献给他和妻子名下的基金会。事实上，比尔·盖茨在慈善方面已经做得够多了，他之前的捐款就有数百亿美元之巨，即使只捐很少的钱也无损其个人形象，他怎么就能不给自己的子女留一分钱呢？他难道忍心让孩子们白手起家，根本不考虑以防万一？其实，比尔·盖茨为我们树立了良好的榜样，他虽然没有留给孩子金钱，但是他留给了孩子如何做人的道理，留给了孩子自力更生、靠自己的劳动来创造自己的生活的能力。试想，如果他的孩子获得了那么多的金钱，是否会止步不前、安于现状呢？

显然，比尔·盖茨是明白这个道理的：只有那些不满足现状、渴望不断地改进自己、时刻希望攀登上更高层次的人生境界，并愿意为此挖掘自身全部能力的充满激情的人，才有希望达到成功的巅峰。

摩托罗拉公司是世界财富百强企业之一，是全球芯片制造、电子通信的领导者。公司在完善自身的过程中有自己独特的一套方法——设立了“畅所欲言箱”和“建议箱”，员工可随时抽取表格，署名填写有关建议和意见，公司主管领导必须及时给予答复。有一次，一名职工因食堂菜咸提了意见，很快得到反馈并做了改善。各种合理化建议，都有答复，即使目前执行不了，也要有说明，以保护大家的积极性。

同时，每个员工都要积极参加公司组织的TCS小组的活动，TCS就是“让顾客完全满意”的英文缩写。这个“顾客”的内涵是广义的，除了产品用户之外，还包括公司内部的每一道工序。其目标是以最完善的工作质量，赢得下一道工序的满意——职工利用业余时间，针对工作中的某一难题，通过集思广益，来决定问题、选定方案、采取行动、评价结果，寻找出解决问题的最佳办法。

美国《幸福》杂志在评价摩托罗拉时指出，摩托罗拉是质量管理的坚持者、技术革新的先驱者、新产品的实践者。

当有人试探地询问摩托罗拉是否还有缺点时，该公司的高级管理人员笑着回答：“我们的缺点就是永远不满足现状。”总之，正是由于摩托罗拉公司这种永不满足于现状，追求令顾客完全满意的新思维，使得摩托罗拉最终成为美国荣耀的企业之一。

在温州商人之间流传着一句口头禅：“十万元不算富，百万元马马虎虎，千万元才算起步。”可以说，温州商人最开始的吃苦与务实精神是为了改变贫困的生活现状。当他们的事业有所起步时，当他们的生活富裕起来后，他们就变得更加“不安分”起来，总想获得更多的发展、获得更多的财富。这种精神就是温州商人所表现出来的永远不满足现状的精神。也正是这种精神，使他们成为“中国的犹太人”。

诚然，与“不满足现状”观点恰恰相反的是“知足常乐”，当前，很多人都提倡无欲无求、要满足于现状，并认为这才是人生的最高境界。实际上，这两个观点并不矛盾，一个人在奋斗的过程中，不要满足现状，但要接受现实、满足现实。

做个永远不满足现状的人，你的人生将会更精彩。

成功，就是比别人付出更多

一个人，只要每天比别人付出多一些，就总会有意想不到的惊喜。

很多人都有过这样的经历：最后一趟班车总是在内心感到绝望的时候到来了。其实，做任何事情都是一样，坚持就是胜利，成功从来都不会让一个持之以恒的人空手而归。

一个农场主在巡视谷仓时不慎将一只名贵的金表遗失在打谷场里，他遍寻不获，便在农场门口贴了一张告示：如果人们肯帮忙，悬赏 100 美元。

人们面对重赏的诱惑，无不卖力地四处翻找，无奈场内谷粒成山，还有成捆的稻草，要想在其中找寻一块金表如同大海捞针。

人们忙到太阳下山也还没有找到金表，他们不是抱怨金表太小，就是抱怨打谷场太大、稻草太多，他们一个个放弃了 100 美元的诱惑。只有一个穿破衣的小孩子在众人离开后仍不死心，努力寻找，他已整整一天没吃饭，希望在天黑之前找到金表，解决一家人的吃饭困难。

天越来越黑，小孩在谷仓内坚持寻找，突然发现一切喧闹静下来后有一个奇特的声音"滴答、滴答"不停地响着，小孩顿时停止寻找。谷仓内更加安静，滴答声十分清晰。小孩寻声找到了金表，最终得到了 100 美元。

成功的法则其实很简单：就是比别人多付出一点。而成功者之所以稀有，是因为大多数人认为这些法则太简单了，而没有坚持。

是的，付出越多，机会越多。当你每多付出一点，就多了一次显示自己是否胜任和提升胜任力的机会。而胜任与否，有时候只差一点点。当我们能坚持比别人多付出一点点，每天能让自己进步一点点时，很快，我们就能比很多人更胜任！

有两个乡下人 A 与 B，一起来到一座大城市，都选择了卖菜，都在一个市场上，菜摊儿还挨着。可是几年以后，同样是卖菜，却卖出了天壤之别：A 成了蔬菜批菜商，手握 200 多万资金；B 则因生活难以为继，只好又回到了乡下。

是什么决定了他们的成与败呢？其实，他们之间的差别就在于每天的付出多一点与少一点。是的，就那么一点点，造成了他们的天壤之别。

每天卖菜时，A 卖菜人都要拿出一点点时间把黄菜叶子和烂根去掉，把菜弄得水灵灵的好看；B 卖菜人却从来没有理会过这一点，他认为菜怎么可能会没有黄叶子烂根呢！

每天卖菜时，A 卖菜人总会把菜摊儿收拾得规规矩矩，把菜码放得整整齐齐，让人看着就舒服；B 卖菜人则只把菜往地上一摊，爱怎样就怎样。

就这样，刚开始差距只是一点点，但长此以往的结果是，一起进城的两个人，一个在城里站稳了脚跟，一个只好回了乡下。

在职场上，许多人都没有明白这样一个道理：常常需要领导发脾气，需要单位出制度才能保持正常的工作心态和工作习惯。其实，你不应该让领导看到你的懒惰，而更多的是应学会主动地去加班，主动地去替公司思考。这样的付出习惯，虽然不能让一个职场人士马上出类拔萃，但却能马上让领导对你产生好感，会让领导认为你才是最优秀的员工。

每个人都应该学会勤奋，勤奋永远是一个制胜的法宝，在一个人的成功之路上，勤奋也扮演着一个非常重要的角色。“打工黄帝”唐骏说：“我喜欢勤奋，我很勤奋，我更希望的是什么？我希望带着所有的年轻人，用‘勤奋’两个字不断地鞭策自己。只有勤奋才能真正带你实现人生的目标。”是的，在人生的道路上，记住两个字——勤奋。勤奋，再勤奋，每天多走一步，时间一长，你就会快人很多。

美国著名出版商乔治·W. 齐兹 12 岁时便到费城一家书店当营业员，他工作勤奋，而且常常积极主动地做一些分外之事。他说：“我并不仅仅只做我分内的工作，而是努力去做我力所能及的一切工作，并且是一心一意地去做。我想让我的老板承认，我是一个比他想象中更加有用的人。”

坦普尔顿指出，取得突出成就的人与取得中等成就的人几乎做了同样多的工作，他们所做出的努力差别很小，但其结果，在所取得的成就及成就的实质内容方面，却经常有天壤之别。这好比两个人参加马拉松比赛，在奔跑两个小时以后，都已经完成了 42 千米的赛程，还有不到 200 米，就将到达终点。当时的情况是，两人都十分劳累、难受。前者选择了放弃，而后者则坚持了下来。相对于他跑过的漫长路程，余下这一段短短的距离所具有的价值和意义是不言而喻的，没有这几步，此前的努力将变得毫无意义；有了这几步，他就成了一个征服马拉松的胜利者。取得中等成就的人只是少跑了几步，不幸的是，那是最有价值的几步。

成功是什么？成功是一种超越自己的渴望。成功就是别人付出十分的努力，而我们付出十一分的努力！其实，在这个世界上，天生的高手并不多，成功者只不过是比普通人多了一份勤奋刻苦和坚持不懈而已。

勇于冒险，做一个不甘于平庸的人

具有冒险精神的人对任何危险的事物都不会感到恐惧，即使偶尔有，他们最终也能战胜这种心理，重新投入战斗。他们不会因为担心对肉体和生命的威胁放弃追求，而是会接受挑战，充满信心地迎着危险和困难勇往直前。

一个人只要敢于冒险，生活就不会平淡，人生就不会平庸。

作为一个双目失明的盲人，他为自己的人生设定了一个在绝大多数正常人眼里都是高不可攀、无法企及的目标，并以不懈的努力最终将梦想变成了现实。他就是埃里克·韦汉梅尔——世界上第一位登上珠穆朗玛峰的盲人。

登山运动是人类意志和勇气的体现，是人类与自然、人类与自身相互较量的过程，但这样一项运动，在很多人眼里，是和盲人无缘的。2001 年，埃里克·韦汉梅尔改变了人们的看法，成为世界上首个登上珠峰的盲人，从而在登山这个“挑战极限、超越自我”的勇敢者的运动中，又一次刷新了人类的记录。

征服“世界第一峰”，这对于经历过失明的绝望和沮丧的埃里克·韦汉梅尔来说，其意义决非常人所能相比，它再一次证明了他生活的信念：即使作为一个盲人，只要选对了方式，同样也能做很多被常人认为不可能做的事情。

埃里克·韦汉梅尔生于 1968 年，自小就患有一种罕见的视网膜分层剥离眼病。对他来说，这种疾病就像是一个伺机行动的恶魔，随时随地都可能摧毁他的生活，这使他童年的生活蒙受着巨大的阴影。在后来的几年中，尽管全家人付出了许多努力，病魔还是夺去了韦汉梅尔的视力，13 岁时，他完全失明了。

最初，埃里克·韦汉梅尔无法承受这个事实。他不想进入黑暗的世界，他对光明仍满怀着希望，然而无情的命运还是将他抛到了绝望的深渊。

俗话说，祸不单行。失明之后，更为悲惨的灾难降落在了年幼的埃里克·韦汉梅尔身上：他的母亲在一场车祸中不幸丧生，这使他生活中又少了一个可依靠的坚强支柱。这个打击曾使埃里克·韦汉梅尔一蹶不振。事隔多年以后，每当提起这段往事，埃里克·韦汉梅尔仍是一脸的哀婉之情："母亲的去世比我的失明更令我痛苦，就好像是一扇门狠狠地砸在我的脸上，我有一种痛不欲生的感觉。"

为了抚平孩子的精神创伤，让他重新鼓起生活的勇气，父亲艾德每年夏天都会带他外出旅行，登山也成为他们选择最多的活动项目。

从 16 岁开始，埃里克·韦汉梅尔便迷上了登山运动。起先登山对他来说有着很多的困难，由于看不见山路，他只能靠父亲从背后按着他的肩膀促使他改变方向。有时他也拿着棍子探路前进，稍不小心，就有失足的危险，好几次都差点没了命。但他并没有因此而放弃这一爱好，而是不断地冲击自己的记录。

成年之后，埃里克·韦汉梅尔开始挑战美洲、非洲等许多地区的高峰：1996 年他登上了埃尔卡皮坦山，1997 年他登上了海拔 5860 米高的乞力马扎罗山，同年又登上了海拔 6900 米高的阿空加瓜山。接下来他的目标就是世界最高峰——珠穆朗玛峰。

珠穆朗玛峰是世界上最高也是最危险的山，即使是经验丰富的登山专家，也有许多人丧命于冰沟与雪崩之中。对于埃里克·韦汉梅尔这样需要依靠向导引路的盲人而言，想攀登珠峰简直难于登天。

几乎周围的人都警告他不要去冒如此大的风险，然而埃里克·韦汉梅尔没有理会他们的警告。他上路了。

一个人如果不去尝试，就不能知道他能够做什么。一旦去做了，就会发现一切都可能变成现实。

2001 年 3 月初，埃里克·韦汉梅尔开始了他攀登珠峰的历程，以往多年的登山经验告诉他应该如何实现他的目标。登山向导在前面用铃铛为他带路，如果想让他向右就向右摇铃，想让他向左就往左摇铃。埃里克·韦汉梅尔就尽量沿着他们的脚印向上爬。

在金谷冰瀑这样的地方，在哪儿落脚极为关键。这时向导们会把他的棍子点在落脚点上，并告诉他确切的位置：往左边迈 2 步，往右边迈 2 步，在右边落脚……遇到特别危险的地段，向导们又会及时提醒他注意，比如“停在那儿别动！你后面一步远处有个裂缝。”“小心石头！”

经过两个半月的攀爬及登山组成员的共同帮助，终于，在 2001 年 5 月 25 日清晨，埃里克·韦汉梅尔迎来了他的胜利，完成了他的梦想，登上了珠穆朗玛峰的峰顶，成了第一个登上珠穆朗玛峰的盲人。

可以说，冒险是一种超越。人生最有魅力的行动，就是让命运安排在最有风险的绝壁之上，勇敢无畏。只有那些不怕孤独、不畏艰难的先驱者，才敢闯进他人未到之地，做别人未做之事。

生活中，冒险和勇敢紧密相连。要具备勇敢精神，就要善于冒险、敢于冒险，敢于搏击新领域，敢于领风气之先。只有在不断的冒险中，我们才能获得像金子一样宝贵的优良品质——勇敢。事实上，对一个人而言，无论是创业还是创新，首先必须具备的就是勇敢的冒险精神。这种精神对于一个想创业、想获得成功的人来说，是必备的素质。据统计，美国华尔街证券交易所中最好的经纪人，往往不是学金融毕业的，而是那些曾经做过运动员的人。为什么会出现这种有趣的现象？原来，曾经从事过各种运动的人，不仅有着强壮的体魄，能够应付高强度的体力支出，还有着较强的心理素质。反应迅敏，自信而有魄力，敢于做决断，具备冒险精神。

当然，冒险精神并不等于莽撞。敢于冒险的人，有着明确的目的性，他们清楚地知道自己在做什么，并且愿意承担责任。为了达到目标，他们勇于承担风险。竞争使他们感到兴奋，面对残酷的竞争，他们毫无惧色。

有毅力的人，才能攀上成功的高峰

毅力是实现理想的桥梁，是驶往成才的渡船，是攀上成功的阶梯。

通往成功的道路往往充满荆棘，坎坷不平，有许许多多障碍险阻。

这就需要培养顽强的毅力。古之成大事者，不唯有超世之才，亦必有坚韧不拔之志！要成就一番事业，就要有一股闯劲、干劲、韧劲，不怕难，不服输。有这么一股子劲，很多工作就能攻坚克难拿下来，没这么一股子劲，很多工作就要半途而废。

古往今来，无数事例告诉我们，高成就的人除了在理想、信念、进取心、自信心方面明显高于低成就的人之外，还在心理承受能力、不屈不挠的意志等方面明显高于低成就的人。有成就、有作为的人无不具有顽强的意志、坚韧不拔的毅力。

我国古代大医药学家李时珍写《本草纲目》花费了 27 年；进化论创始人达尔文写《物种起源》用了 15 年；天文学家哥白尼写《天体运行论》用了 30 年；大文豪歌德写《浮士德》用了 60 年；郭沫若翻译《浮士德》用了 30 年；马克思写《资本论》用了 40 年；而范仲淹从小丧父，尽管这样，他仍旧艰苦读书，不放过任何一个学习的机会，最终成为中国有名的文学家。这些中外巨人的伟大成果无一不是理想、智慧与毅力的结晶。还有一些科学家为坚持真理付出了鲜血与生命。例如塞尔维特因解剖人体，被活活烤了两小时；布鲁诺提出了宇宙无限、没有中心的思想，被罗马教廷关了 7 年，最后被判火刑。顽强的毅力是他们成为巨人的一个必备重要条件。

有人说过："毅力可以攻克世界上任何一座山峰。"而张海迪就是一个有力的证明。她身患高位截瘫，而她在病床上，用镜子反射来看书，最后张海迪以惊人的毅力学会了 4 国外语，并成功地翻译了 16 本海外著作。和张海迪类似的还有贝多芬，他双耳失聪后，不是一味地怨天尤人，而是坚持他的音乐创作，耳朵聋了又听不见，就用筷子插进钢琴的发声器，以震动来辨别音调，最终创作出了著名的《第九交响曲》。

我们在观看百年环法自行车赛时，总会被车手们感动。每一位车手不管名次先后，都骑行了 3000 多千米，在每一个赛段都有相当长一段路程，最长的甚至达 260 千米，而在比赛中又有些运动员从自行车上摔了下来后又重新投入到比赛中去。这些都是我们常人无法忍受的，又是什么精神支撑着他们骑完全程呢？当然是靠每一个人坚定不移的信念和毅力。

一个具有钢铁般意志的人，一旦看准了某个目标，就会百折不挠地去实现它。他对暂时的失败不屑一顾。在前进的征途中，他绝不会畏畏缩缩，他常在别人以为穷途的地方找出新的突破口。他的自信就是他个人魅力所在。但他绝不是一个自以为是、目空一切的人。他经常思考——即思考怎样去工作，又思考自己，一旦发现自己的缺点，即用钢铁般的意志去克服这些缺点。谦虚是他的美德之一，他永不停息，不断追求。

只要细想就会发现，被很多人视为难事的事，甚至不可能的事不也被一些人做到了吗？任何事一旦自己做成功了，也会有原来不过如此的感觉。“会当凌绝顶，一览众山小”。可在爬上顶峰之前，抬头一望，实在太高，好多人知难而退，但意志坚强的人却硬能爬上去。贫民中产生的伟大作家狄更斯说过：“顽强的毅力可以征服世界上任何一座高峰！”

世界上的奇迹，其实就是对毅力考验的结果，以少胜多的战争，扭败为胜的竞争，绝境中的幸免，这都得归功于钢铁般的意志，坚强的意志能使人几天几夜不睡觉而仍精神抖擞；坚强的意志能使智力平常的人拥有杰出的才华；坚强的意志能使一无所有的小伙子向高傲的公主求婚。啊，原来世界上的一切都透着毅力。

培养顽强的毅力需要从小做起。有位教育家搞了一个实验：找来一些孩子，拿来一堆糖果等好吃的东西告诉他们说：“在我离开这里再次回来之前，你们不能吃这些东西，等我回来后才能吃。”这位教育家走后，有些孩子耐不住了，就动手吃了这些糖果。这位教育家过后做了一个跟踪调查，凡是当初能克制自己，没有在这位教育家回来前吃糖果的孩子，以后发展得好，取得的成就大。所以常言有“三岁看大，七岁知一生”的说法。

毅力是成功的基石。居里夫人曾经说过：“一个人没有毅力，将一事无成。”而“说一套，做一套”，永远都不可能取得成功，只有言行一致，朝着目标坚持不懈地去奋斗、去追求，才会有所收获。

顽强的毅力无往而不胜。任何一个有着坚强毅力的人，都不会光想而不做，不会被困难和挫折吓倒。

人际关系的重要性

仿佛一条看不见的经脉，又仿佛一张透明的蜘蛛网，人际关系看不见却能感觉得到，摸不着却能量巨大。从一定意义上说，这个世界一切与成功有关的“好东西”，都是给人际关系顺畅、硬扎的人准备的。人际关系高手们左右逢源，四通八达，对他们而言，没有蹚不过的河、翻不过的山。自己解决不了的事，找亲戚帮忙；亲戚解决不了，可以找朋友；朋友帮不上忙，可以找领导。再不成，找朋友的领导的亲戚的邻居，也要达到目的。他们的人际关系，更像一条巨大的章鱼那变幻莫测的触须，幽幽地发出它的信号，从容穿过那些七折八拐的甬道，猎取到自己的猎物。

一个人有多大能耐，并非仅仅指他自身的能力，而是指所能调动的所有资源。人际关系顺畅硬扎的人，几乎没有办不成的事。没有钱有人帮他出钱，没有力有人帮他出力，他就是一个有钱有力的人。美国有成功学家，叫卡耐基，他在研究成功诀窍时得出一个结果：一个人的成功，有 85% 取决于该人的人际建构与经营的状况。外国人喜欢用精确的数据来说话，卡耐基的 85% 的数据也许值得商榷，但人际关系对于人生的重要性是任何人都要承认的。特别是在中国这个讲究人情的国度，人际关系更是不可小觑。

比尔·盖茨牛吧？他为什么那么牛？掌握了知识经济时代的脉搏与律动，在电脑科技上的天才与执着——这些是很重要的。但很多人容易忽略盖茨还是一个善用关系的高手。他在念大学时就开始兼职创业，第一个大单是与当时世界第一电脑强人——IBM 签订的。这个 20 岁的毛头小伙子，凭什么与 IBM 搭上了线？

因为他母亲曾经是 IBM 董事会的董事，他通过母亲认识了 IBM 的董事长，从而得到了直接与董事长见面的机会。没有这个良好的开端，估计盖茨的首富之路也更加艰难与曲折。

也许还有人会说，那盖茨还不是因为出身好，有个当前董事的母亲？这话有一定道理。但他有个母亲来牵线，你不能有个朋友来搭桥？每个人都生活在盘根错节的人脉网络中，要想生活充满乐趣、事业一马平川，谁也离不开他人的帮助与扶持。美国著名杂志《人际》在 2002 年的创刊词中，就有这么一段话："如果你不信，你可以回忆以往的一些经验，就会发现原本你以为是自己独立完成的事，事实上背后都有别人的帮助。因此，在社交场合，你应该尽量表露真正的自我与自己真正的才华，它们将会给你许多有用的建议。绝不可低估人脉的力量，否则将白白失去许多有利的帮助之力。"

不可忽略的是，有一些人宁愿花很多的工夫来钻研专业知识，考这个证那个证，却不愿花时间在人际关系上。他们认为那不过是一些"歪门邪道"而已。其实，与人交往并非是"走后门"的同义词，人际关系完全可以是一种资源的正当共享，感情的互相支撑。

所以，我们的成败，在一定程度上是人际关系成败的折射。你从小到大是否注意过深耕人际的肥沃土地？如果以前因为年少无知没有重视，那么现在一定不能再让那片肥沃的土地荒芜了！

既然朋友是铁定要交的，那么，要怎样才能交更多更好的朋友呢？

——关键是看你做人的道行高深与否。道行深的人，桃李不言，下自成蹊；道行浅的人，终归难免庭前冷落车马稀。

1. 用尊重赢得友谊

我们都很清楚自己想从朋友那里获得什么。可是你是否考虑过自己是个什么样的朋友？你是否体谅别人？你是否肯听别人的话？你是不是个好朋友？然而，更重要的是，你是不是尊重朋友？

在交往中，我们待人的态度往往取决于别人对我们的态度。所以，我们要获取他人的好感和尊重，首先必须尊重他人。与人相处时，要平等待人，不高人一等、故作姿态，不自以为是，不要在别人的背后评足品头、说三道四和指手画脚，始终保持友好平等的姿态与对方说话和办事，才不至于伤及他人的面子和自尊心，才有可能与别人保持友好关系，才有助于做好自己的工作和事业。

2. 以和气换来和谐

"和为贵"，这是古今中外成功者最推崇的处世哲学。《菜根谭》里这样写道。"天地之气，暖则生，寒则杀。故性气清冷者，受享亦凉薄。唯和气热心之人，其福必厚，其泽亦长。"

人在社会上或在工作中表现出的人与人的关系是一种相互依存的关系，我们不仅肩负着共同的事业，而且也有很多工作必须依靠大家协作才能完成，否则，互相拆台，暗中作梗，明处捣乱，要想把一件事情做好是不大可能的。而让周围的人都能齐心协力、团结合作，自然需要有和谐一致的气氛。倘若同事之间情感上互不相容，气氛上别扭紧张，就不可能团结一致地完成工作任务。

3. 朋友之间也要拘小节

在日常生活中，说一个人不拘小节是体现这个人有豪爽的一面，说明他在一些小事上不太注意，这种人往往能够交到较多的朋友，给他人的感觉是容易相处，人缘好。然而，如果要是过于豪放，而不站在对方的角度去考虑问题，那么小节也会断送掉平时好不容易结成的友谊。特别是在与某些关系重大的朋友的交往过程中，恰恰更要拘小节。

在今天这个时代，人们越来越注重交友的质量和情趣，不拘小节的人将会逐渐失去朋友对自己的好感，而会使自己遭受到更大的损失。在处理朋友关系时不妨注意以下几点。

（1）不但要注意、更要注重小节。只有注意与注重相结合，才会有所行动，而行动中才能真正体现出"拘"的含义，"意之责于思，重之责于行"，两者的完美结合，循序渐进，才会有好的结果出现。

（2）不嫌其小。小节，中心就在于“小”字上，就是平时不为别人所关注的问题。正是这些小问题，会反映出许多东西来。以小见大，积少成多，只要你去做了，就会有闪光点，就必定会为别人所关注。“勿以善小而不为，勿以恶小而为之”，不正是说明了“小”的关键所在吗？

（3）不要歪曲“小”的含义。拘小节不等于斤斤计较，拘小节要拘到点子上、拘到刀刃上。朋友不会喜欢那种在一切事情上都要分清楚、一切事情上都要讲原则的人。

（4）把握好友谊的“度”。朋友交往应该是“交往如水淡而不断”。交往过密，便有势利之嫌，“距离产生美”的道理同样适用于朋友之间的交往。而断了来往，时间便会无情地冲淡友情。特别是在生活节奏紧迫的今天，朋友之间很难有机会在一起聊天。

君子之交淡如水，与《中庸》上的“君子之道，淡而不厌”是一个道理。君子的交友之道如淡淡的流水，源远流长。今人将交友比作花香，说友谊就像花香，越淡就越持久，与古人有异曲同工之妙。

好口才能帮你占领先机

什么叫好口才？一句话：在恰当的时候，对恰当的人，说恰当的话。要做到这三个“恰当”，并不是件容易的事。我们天天说话聊天，不见得熟能生巧，就练出了好口才。许多人说了一辈子话，没有说好过几句话；一些人就凭几句好话，千百年来让人津津乐道。

东汉末期，曹操挟天子以令诸侯，较有实力的军阀大都被他消灭了，唯独刘备和孙权还有发展壮大的可能，曹操自知一下子吞并这两股势力还比较难。于是，曹操就派人拿着他的书信去东吴，想和孙权联手消灭刘备。

孙权手下的谋士大都主张降曹自保，只有鲁肃主张联刘抗曹。但鲁肃自知难以说服孙权和东吴的文臣，特意请诸葛亮来当说客。

鲁肃引诸葛亮见了东吴的一群谋士，这些人并非泛泛之辈，而是个个都是有学问的人。东吴第一大谋士张昭首先发难，说：“听说刘备到你家里三趟，才把你请出山，以为有了你就如同鱼得了水，想夺取荆襄九郡做根据地。但荆襄已被曹操得到，你还有什么主意呢？”

诸葛亮心里想，如果不先难倒张昭，就没办法说服孙权联刘抗曹了。诸葛亮说：“刘备取荆襄这块地盘，易如反掌，只是不忍心夺取同宗的基业，才被曹操捡了便宜。现在屯兵江夏，另有宏图大计，等闲之辈哪懂得这个。国家大事，社稷安危，都要有真才实学的人拿出好主意。而口舌之徒，坐而论道，碰上事儿，却拿不出一个办法来，只能为天下人耻笑。”一番话，说得张昭哑口无言。

之后，一个谋士问：“曹操屯兵百万，将列千员，你说不怕，吹牛吧你。”

诸葛亮答："刘备退守夏口，是等待时机，而东吴兵精粮足，还有长江天险可守，却都劝孙权降曹，丢人吧你。"

东吴的谋士一个接一个地向诸葛亮发难，先后有七人之多，都被诸葛亮反驳得有口难辩。

一个会说话的人，可以流利地表达自己的意图，也能把道理说得很清楚、动听，使别人很乐意接受。诸葛亮就是这样的一个人。会说话的人有时还可以立刻从问答中测定对方语言的意图，从对方的谈话中得到启示，从而更了解对方，与对方建立良好的沟通。

的确，生活中，遇到有事情和别人接触或跟别人合作的时候，会说话的人总能很愉快地谈成很多的事情，使人清楚地明白自己的意图。会说话的人受人欢迎，他通常可以使许多原来不相识的人携手，亦能使许多本来彼此不感兴趣的人互相了解，能替人排解纠纷，消除人与人之间的隔阂。

但是，我们也常看到许多不会说话的人，他们说话不能完全表达自己的意图，往往使对方听起来费神，又不能使人很好地接受，造成了交际上的困难。

古代有一位国王，一天晚上做了一个梦，梦见自己满嘴的牙都掉了。于是，他就找了两位解梦的人。国王问他们："为什么我会梦见自己满口的牙全掉了呢？"第一个解梦的人就说："皇上，梦的意思是，在你所有的亲属都死去以后，你才能死，一个都不剩。"皇上一听，龙颜大怒，杖打了他一百大棍。第二个解梦人说："至高无上的皇上，梦的意思是，您将是您所有亲属当中最长寿的一位呀！"皇上听了很高兴，便拿出了一百枚金币，赏给了第二位解梦的人。

同样的事情，同样的内容，为什么一个会挨打，另一个却受到嘉奖呢？因为挨打的人不会说话，受奖的人会说话。

口才不好的人，有如发不声音的留声机，虽然是时时转动，却不让人感兴趣。当今的社会是一个繁忙的社会，具有口才的人，必然是社会中的活跃人物，口才是一种技术，也是一种艺术。成功的大企业家，定要具备这样的技术，律师、教师、演员、推销员等，都是侧重于口才的。口才是人类生活中应用最普遍的技术或艺术。一个人的说话能力可以代表他的力量，口才好的人往往容易被人尊敬，而口才差的人容易被人渐渐遗忘。

在历史的长河里，有不少因绝佳的口才而闪耀光芒的人。战国时期，口才大师苏秦与张仪，一纵一横，皆词锋锐利，议论透辟，推事论理，切中时弊，他们“一怒而诸侯惧，安居而天下息”，可谓凭口才而纵横天下，三寸之舌，强于百万雄兵，一人之辩，重于九鼎之宝。有时候，一句话的巨大影响力甚至是你所料想不到的，比如：刘备一言可以诛吕布，敬新磨片语能够救己命……

有许多人自己觉得说话不流利，不能自如地表情达意，感到生活上很不方便。他们平时很少说话，若跟几个熟得不得了的人，东拉西扯倒可以，可是一到跟其他人打交道的时候，一句有用的话也说不上来。他们在社会生活中，处处觉得话不达意，时时感到困窘。于是别人就会说他们是老实人，他们也会渐渐地觉得自己是老实人，自己对自己说，或是对别人说我是老实人，我不会说话。好像老实人就必定不会说话，不会说话的必定是老实人。这样一来，怪不得有人取笑说：“老实乃无用之别名。”

如此，任何人，都应检视一下自己的资本，是否具有好口才。如果没有，应赶快修炼！

定律 6

改变思维方式，才能改变命运

方法多了路就好走

莎士比亚说："智慧是命运的一部分，一个人所遭遇的外界环境是会影响他的头脑的。"在同一困境中，有没有智慧的头脑，造出来的是天堂与地狱之别：地狱里，一大群人手拿长勺围着一桶汤，却因为勺太长而够不到自己的嘴，就这样人人只能望汤兴叹，愁眉苦脸；而天堂里，一大群人也是手拿长勺围着一桶汤，虽然勺柄是一样长，但大家都舀起汤来喂对方，这样就都高高兴兴地喝到了汤。

在这个世界上，最容易做的事，大约就是找借口了。

我身体单瘦，所以体育成绩不好；

我没有进重点学校，所以考不上好的学校；

我智力太普通，所以学习只能将就；

……

当逆境来临，所有的问题，无论是大是小，只要你愿意，都可以毫不费力地找个借口，轻描淡写地把它"解决"掉。于是，局中人就可以心安理得地安于现状，可以为自己解脱。就像狐狸吃不着葡萄，它就找出一个美丽的借口——葡萄是酸的，非常轻易地把问题给"解决"了。然而，借口好找，存在的问题却始终还在。

当诺贝尔研究出威力强大的硝化甘油新型火药时，有人认为他是在为战争贩子提供杀人利器。因此，他的工厂门前经常有人举着牌子抗议和示威。

然而，更麻烦的事情是当时落后的生产工艺。在火药生产过程中，诺贝尔工厂发生过多次爆炸事件，一些人死于非命，其中包括诺贝尔的弟弟。诺贝尔本人也负伤累累。市民们当然不能容忍一个巨大的、危险的火药桶安放在他们中间，于是纷纷向市政府请愿，要求关闭诺贝尔工厂。市政府顺从民意，强令诺贝尔工厂迁出城外。

无奈之下，诺贝尔决定将工厂整体搬迁。但是，搬到哪儿去呢？这座城市周围是大片水域，陆地面积很小，任何一个居民也不会接受一座会爆炸的工厂。看来只有迁往人烟稀少的偏远山区才不会有人反对，但昂贵的运输费用却使诺贝尔难以承受。以当时的技术条件，也很难保证在长途搬运过程中不会发生爆炸事故。

怎么办？诺贝尔遇到一个非常棘手的难题。

有人劝诺贝尔干脆别干了。世上值得一干的事业多着呢，何必一定要做这种吃力不讨好的买卖？但诺贝尔却不是一个轻言放弃的人，无论付出多大代价，也要将自己钟爱的事业进行到底。他想，工厂搬迁，需要满足人烟稀少、费用节省、运输安全三个条件，而这三个条件却是相互矛盾的。他冥思苦想，终于想到一个主意：将工厂建在城外的水面上。在那个年代，这的确是一个异想天开的构想，却是能同时满足上述三个条件的唯一办法。

以当时的技术条件，在水面建厂的难度太大。诺贝尔的做法是：以一条大驳船做平台，将工厂比较不安全的部分生产车间、火药仓库建在上面，用长长的铁链系在岸上，将工厂其余部分建在岸上。

——一道老大难问题就这样解决了。

当逆境来临，当我们感到迷惘的时候，当我们犹豫不决的时候，我们是否这样想想：这一事物的正面是这样，假如反过来，又将怎样呢？正面攻不上，可否侧面攻、后面攻？

一件事的失败，往往是另一件事的开始

19世纪中期，美国西部掀起一股淘金热潮，大做“淘金梦”的人从世界各地汇聚到此，一个名叫李维·施特劳斯的德国人，也千里迢迢跑到加利福尼亚州试运气。

但是，李维·施特劳斯的运气似乎相当背，尽管拼命淘金，几个月下来却没有任何收获，便懊恼地认为自己和金子没缘分，准备离开加州到别地另谋生路。

就在他万分沮丧之际，猛然发现一个现象，那就是所有淘金客的裤子由于长期磨损而破旧不堪，于是，他灵机一动：“并不是非得靠淘金才能发财致富，卖裤子也行啊。”

李维立即将剩下的钱买了一批褐色的帆布，然后裁制成一条条坚固耐用的裤子，卖给当地的淘金客，这就是世界上的第一批牛仔裤。

后来，李维又细心地将牛仔裤的质料、颜色加以改变，缔造了风行全世界的“李维牛仔裤”。

梦想破灭的地方，往往希望丛生。当我们所选择的“淘金”之路走到了尽头，梦想破灭了，千万不要过度失望，更不要沉浮于失败的迷梦。而是应该把失败当作幸运的开端，赶快树立新的目标，打起精神再次上路。

说起“王致和”，或许没有多少人不知道这个中华老字号。但或许你还不知道，“王致和”却是凭借着一个“臭”字名扬万里，传遍了全中国。

康熙八年，安徽省仙源县有个叫王致和的举人进京赶考，结果名落孙山，仕途无望。但却想留在京城继续攻读，准备再次应试。可是距下次科试甚远，而且盘缠也所剩无几，所以便留京暂谋生计，在京城开了间小豆腐店。却不想小豆腐店开张后，一连几天阴雨绵绵，豆腐卖不出去，一点点地变霉。王致和想起家乡有用豆腐制成酱豆腐的，就试着将发了霉的豆腐一刀刀地切成小方块，放进坛里，加上些盐和花椒等调料后，严严实实地封好了坛口。

后来，因为一心读书，渐渐地把腌制的豆腐给忘了。不久他蓦地想起那缸腌制的豆腐，赶忙打开缸盖，一股臭气扑鼻而来。取出一看，豆腐已呈青灰色，他急忙用刀子挑出一点尝尝，没想到味道竟然又鲜又香。虽非美味佳肴，却也耐人寻味，送给邻里品尝，都称赞不已。大家都夸道："闻起来臭，吃起来香，真是外臭内香啊！"

王致和受到启发，干脆在豆腐店门口挂起牌子，专门经营臭豆腐。吃过臭豆腐的人一传十，十传百，用不了多长时间，王致和连同他的臭豆腐可就出了名，京城的人只要一提起臭豆腐，便无人不知它的主人是王致和。

这事传入宫中，有个太监便好奇地买回一些品尝，果然名不虚传，好吃极了！他立即奉献给皇上。皇上一尝，胃口顿开，即传旨将"臭豆腐"列为"御膳坊"小菜之一，并赐名"青方"。这下，王致和的臭豆腐声名大振，买卖更加兴隆。时至今日，"王致和"作为地道的"中华老字号"，以其产品的细、腻、松、软、香五大特点倍受消费者的喜爱。

成功的偶然与必然总是在我们的选择中成就的，如果，王致和当初因为仕途无望，而一蹶不振，或许我们今天也尝不到"王致和"的美味了。

美国著名漫画家罗勃·李普年轻时热衷体育运动，最大的梦想是成为大联盟职棒明星。可是，当他如愿以偿跻身大联盟时，第一次正式出赛就摔断了右手臂，从此与棒球绝缘。对罗勃·李普来说，这无疑是人生最残酷的打击。然而，他很快就摆脱了失败的噩梦，转而学习运动漫画，弥补自己的缺憾。李普抱着不能成为棒球明星，便在报纸上画运动漫画的决心，最后终于成为一流的漫画家，以"信不信由你"专栏风靡全球。

你的思路决定你将来的样子

研究表明，人的大脑是一片未开垦的、神奇无比的处女地，在人的一生中，大约有 140 亿个脑细胞未被开发利用。由此可见，如果我们能够充分挖掘思考潜能，让大脑总处于最佳状态，我们的生活必将会有质的改善。

“功能固着”心理效应告诉我们：不要囿于旧经验，学会因地制宜地思考问题。很多事情“不怕做不到，只怕想不到”，所有的计划、目标和成就，都是思考的产物，可以说，思路决定出路，思考有多远，你就能走多远。古今中外，凡取得重大成就的人，必定是在其摸爬滚打的一生中留下大量思考足迹的人。

“功能固着”心理指的是：一个人看到一种惯用的功用或联系后，就很难看出它的其他新用途，如果初次看到的功用越重要，也就越难看出它的其他用途。

人们也许会羡慕那些科学家，总觉得他们的思维活跃，并常常自惭形秽。其实，只要我们懂得了思维潜能可以挖掘的道理，我们就大可不必如此。任何一个大脑健康的人与一个伟大科学家之间，并没有不可跨越的鸿沟，他们的差别只是用脑程度与方式的不同，而这个鸿沟不但可以填平，甚至可以超越，因为从理论上讲，人脑的潜能几乎是无穷无尽的。其实，并非大多数人命里注定不能成为“爱因斯坦”，只要发挥了足够的潜能，任何一个平凡的人都可以成就一番惊天动地的伟业，都可以成为一个新的“爱因斯坦”。

这是一个周末的早晨，一个牧师正在为讲道词伤脑筋，他的太太出去买东西了，外面下着雨，小儿子又烦躁不安，无事可做。后来他随手拿起一本旧杂志，顺手翻一翻，看到一张色彩鲜丽的巨幅图画，那是一张世界地图。他于是把这一页撕下来，把它撕成小片，丢到客厅地板上说："紫罗，你把它拼起来，我就给你两毛五分钱。"牧师心想他至少会忙上半天，谁知不到十分钟，他书房就响起了敲门声，他儿子已经拼好了。牧师真是惊讶万分，紫罗居然这么快就拼好了。每一片纸头都整整齐齐地排在一起，整张地图又恢复了原状。

"儿子啊，怎么这么快就拼好啦？"牧师问。

"噢，"紫罗说，"很简单呀！这张地图的背面有一个人的图画。我先把一张纸放在下面，把人的图画放在上面拼起来，再放一张纸在拼好的图上面，然后翻过来就好了。我想，假使人拼得对，地图也该拼得对才是。"牧师忍不住笑起来，给他一个两毛五分的镍币。"你把明天讲道的题也给了我了。"他说，"假使一个人是对的，他的世界也是对的。"

由此可见，如果我们不满意自己的环境，想力求改变，则首先应该改变自己。即如果我们是对的，则我们的世界也是对的。我们认为自己行，则自己就能发挥潜能，我们就能成功。换句话说，只要我们充分挖掘思想潜能，就没有什么做不到的。

世界顶尖潜能大师安东尼·罗宾说过，"人的思考潜能犹如一座有待开发的金矿，蕴藏无穷，价值无比。我们每个人都有一座这样的金矿，但是，由于没有进行各种潜能训练，每个人的思考潜能从没得到淋漓尽致的发挥。"是的，潜能是人类最大而又开发得最少的宝藏，无数事实和许多专家的研究成果告诉我们，每个人身上都有巨大的思考潜能还没有开发出来。美国学者詹姆斯根据其研究成果表明，普通人只开发了他蕴藏能力的十分之一，与应当取得的成就相比较，我们不过是半醒着的。科学家还发现，人类贮存在脑内的能力大得惊人，人平常只发挥了极小部分的大脑功能。要是人类能够发挥一大半的大脑功能，那么可以轻易地学会 40 种语言、背诵整本百科全书，拿 12 个博士学位。其实，这些数据一点也不夸张，的确值得我们每一个人深思并努力实现。

然而，在我们的周围，总有这样一些人。他们从来不会主动挖掘自己的潜力，也不关心自己的将来，当事情出现差错时，他们只会一味地找借口推搪，而不会想到要主动思考解决问题的方法。显然，成功是永远不会青睐这样的人的。

还犹豫什么？充分挖掘你的思考潜能吧，你的人生道路才会越来越宽广！

要学会走出思维定式

这是个挺有趣的实验，实验对象必须是受过教育的成年人。

提问：三点水右边加一个“来”字念什么？

答：念“涞”。

再问：三点水右边加一个“去”字呢？被问者至少有一半以上顿时语塞，有的甚至当即断然回答：根本就没有这个字！

而实际上，这个“法”字的使用频率远比“涞”字高得多。一般情况下，认识“涞”字的人不会不认识“法”字。那么问题出在哪里呢？这就是思维定式的作用了。

三点水加一个“来”念成“涞”，这是汉字中典型的“左形右声”字。当你回答了这个简单的问题之后，一种思维定式便悄悄地左右了你的思路，当提问者借汉字中“来”与“去”相对应的定式发问时，你多半会立即按照“左形右声”的思维方式加以考虑。而“法”却并不念“去”，于是立即否定了这个常用字的存在。

问题就是这么简单，却又如此令人不可思议。当然，这种“定式”必须有其成因——形成这种定式所需要的知识结构。若以同样的问题向小学三四年级的学生发问，“上当”的人就几乎没有。这是因为他们还不具备形成这种定式的知识结构。

这是“惯性”造成的思维定式，在取舍、肯否之间很容易形成“定而不移”之势。唯一可行的解除定式的办法，就是极大地开阔我们的视野，改变我们既有的思维方式，时刻警惕陷入“经验”中去。

哈佛刚毕业的女大学生菲娜到一家公司应聘财务会计工作，面试时即遭到拒绝，因为她太年轻，公司需要的是有丰富工作经验的资深会计人员。菲娜却没有气馁，一再坚持。她对主考官说：“请再给我一次机会，让我参加完笔试。”主考官拗不过她，答应了她的请求。结果，她通过了笔试，由人事经理亲自复试。

人事经理对菲娜颇有好感，因她的笔试成绩最好。不过，菲娜的话让经理有些失望，菲娜说自己没工作过，唯一的经验是在学校掌管过学生会财务。他们不愿找一个没有工作经验的人做财务会计，人事经理只好敷衍道：“今天就到这里，如有消息我会打电话通知你。”

菲娜从座位上站起来，向人事经理点点头，从口袋里掏出 1 美元双手递给人事经理：“不管是否录取，请都给我打个电话。”

人事经理从未见过这种情况，竟一下子呆住了。不过他很快回过神来，问：“你怎么知道我不给没有录用的人打电话？”

“您刚才说有消息就打，那言下之意就是没录取就不打了。”

人事经理对年轻的菲娜产生了浓厚的兴趣，问：“如果你没被录用，我打电话，你想知道些什么呢？”

“请告诉我，在什么地方不能达到你们的要求，我在哪方面不够好，我好改进。”

“那 1 美元……”

没等人事经理说完，菲娜微笑着解释道：“给没有被录用的人打电话不属于公司的正常开支，所以由我付电话费，请你一定打。”

人事经理马上微笑着说：“请你把 1 美元收回。我不会打电话了，我现在就正式通知你，你被录用了。”

就这样，菲娜用 1 美元敲开了机遇大门。

求职时，被人拒之门外的事，时常发生。你是否做过像菲娜这样打破常规的事呢？答案大都是没有，为什么我们不愿意去做呢？不是因为我们相信自己一定会被录用，而是我们习惯了等别人电话，而不会要别人一定要给你打电话。

挣脱枷锁，才能发现新角度

户外电梯我们坐过无数回，但或许你还不知道世界上第一部户外电梯是怎样来的吧？

科特大饭店是加州圣地亚哥市的一家老牌大饭店，因为原先设计配套的电梯过于狭小陈旧，已经无法适应越来越多的客流。于是，饭店老板准备扩建一个新式电梯。他请来全国一流的建筑师和工程师，请他们一起探讨该如何扩建这个电梯。

建筑师和工程师的经验都很丰富，他们讨论了很久，最后得出一致结论：饭店必须停业三个月，这样才能在每个楼层打洞，并且在地下室里安装最新式的马达。

“除此之外就没有其他办法了吗？”老板皱着眉头说，“要知道，那样会损失难以计数的营业额，而且……”

但建筑师和工程师们坚持这是最好的方案。

就在这时，饭店里的一位清洁工刚好拖地拖到这里，听到他们的话，他直起腰说：“要是我，就会直接在室外装上电梯。”

所有人都说不出话来。

一星期后，饭店外面就安装好了新电梯。在建筑史上，这也是第一次把电梯安装在室外。

真正阻挡我们前路的，不是知识太少，而是知识太多。每一种知识都提供我们一种见解，但也塞给我们一个框框。建筑师正是因为头脑中装满了建造户内电梯的条条框框，结果思路怎么也跳不出来。而“没有知识”的清洁工头脑中没有条条框框，表达没有禁忌，反而看到了问题的新角度。

卢梭曾经说过：“人生是自由的，却无处不在枷锁之中。”要想挣脱枷锁、跳出框框，我们就得先知道自己是否被禁锢。

哈佛大学的心理学家朗格曾经做过一系列实验，如果能对僵硬的分类表示怀疑，将有助于开启创意之门。譬如其中有一个实验，朗格给甲乙两组学生（每组十人）每人一个橡胶制品，用不确定的口气对甲组学生说：“这可能是给狗啃咬的玩具。”而对乙组学生则是以肯定的口气说：“这是给狗啃咬的玩具。”在实验中途，朗格故意写错了东西，而必须将它擦掉，但手边却没有橡皮擦。这时，甲组学生中有四个人说他们手上的东西可以做橡皮擦，但乙组学生中想到这个点子的却只有一人。

橡皮擦也是用橡胶做的，学生手上的橡胶玩具也有橡皮擦的功能，但僵硬的“狗玩具”定义和分类概念却阻碍了它的潜在功能。这种分类概念越明确，对创意思维的阻碍就越大，所以我们就只能在监禁里滞留。

现在非常普遍而且对传统手表产生市场威胁的石英表，其实最先是由瑞士的钟表公司发明的。但因为他们拘泥于传统的钟表定义，认为要由精细的、能转动的、相互牵连的部分组成的机器才叫作“表”，石英表不是“表”。所以他们不愿意生产这种东西，结果将大好机会拱手让人。

世上无难事，只怕有心人

世上只有难办的事，却没有不可能的事。方法总比问题多，当常规方法行不通时，打破思维定式，难题也许就会迎刃而解。

一位乘客上了出租车，并说出了自己的目的地。司机问："先生，是走最短的路，还是走最快的路？"乘客不解："最短的路，难道不是最快的路吗？"司机回答："当然不是。现在是上班高峰，最短的路交通拥挤，弄不好还要堵车，所以用的时间肯定要长。你要有急事，不妨绕一点道，多走些路，反而会早到。"

人生中有很多时候我们会遇到类似的问题：我们以为最简单快捷的方式，不见得最好。但最快的路不一定是最短的路，到达目的地最短的路可能会因某种原因使我们浪费更多的时间。

林肯曾经说过："我从来不为自己确定永远适用的政策。我只是在每一具体时刻争取做最合乎情况的事情。"英国大科学家、电话的发明者贝尔说："不要常常走人人去走的大路，有时另辟蹊径前往云林深处，那里会令你发现你从来没有见过的东西和景物。"

20 世纪 80 年代，德国奔驰车受到日本大量优质低价车的冲击，其日子逐渐难过起来。怎么办？世界上最早的一辆汽车就叫奔驰，难道它已经老态龙钟，不再适应社会而不能继续奔驰下去了？

奔驰的掌门人埃沙德·路透绝不会答应奔驰车在自己的手里抛锚。这个雄心勃勃的德国人，给奔驰车选择了一种与众不同的道路。他保证这条与众不同的道路，将会令奔驰车再次迅速而又平稳地奔驰起来。

路透为奔驰车选择的是一条高价路线："奔驰车将以两倍于其他车的价格出售。"路透似乎早已下定了决心，他知道如果设法提高奔驰车的质量，以优质为基础的高价必能带给消费者无上的尊贵感、满足感。

为了激励全体员工共同实现新的目标，路透感觉到有必要亲自到车间和试验场去身体力行一番。他当然知道这种逆风而行的一步如果成功，将给奔驰公司带来多么高的荣誉，但他更清楚这一步一旦失足会有多么大的损失。他必须鼓起所有的勇气走好这一步险棋。

路透和他所率领的公司永远都不愿充当像恐龙那样不适应变化的角色。在奔驰 600 型高级轿车问世之前，路透便对他的技术专家们说："我最近想出了一则很优秀的汽车广告，当然是为咱们奔驰想的。这则广告是：'当这种奔驰轿车行驶的时候，最大的噪声来自于车内的电子钟。'我准备把这种奔驰车定价为 17 万马克。"专家们当然明白总裁的意思，却仍不免大吃一惊：17 万马克，买普通轿车要买好多辆啊！

也许是总裁的表现感动了那些专家，他们废寝忘食地工作，以惊人的速度成功地把新型优质奔驰轿车献给了埃沙德·路透。路透宣布将奔驰轿车的价格提高一倍。这个命令不仅让整个德国震惊，更是让全世界的汽车工业惊惶不已。

路透的愿望很快变成了现实，闻名世界的高级豪华型轿车奔驰 600 问世了，它成了奔驰轿车家族中最高级的车型，其内部的豪华装饰，外部的美观造型，无与伦比的质量都莫不令人叹为观止。很快，各国的政府首脑、王公贵族以及知名人士都竞相挑选奔驰 600 作为自己的交通工具，因为，拥有它不仅仅是财富的象征。

现在，奔驰汽车公司已是德国汽车制造业的老大，也是世界商用汽车的最大跨国制造企业之一，奔驰汽车以优质高价著称于世且历时百年而不衰。

当其他企业大多走降低成本、降低商品价格的道路来达到增强竞争能力的目的时，奔驰公司却走了一条小路。这不能不算是给很多人某种启示。

当很多人在往同一条大路上挤的时候，只要你拥有足够的谋略、实力和信心，另谋小路而取之，也许会到达得更快、更轻松。

定律 7

忘记“不公平”，走向更宽广的未来

付出不一定有回报，但不付出一定没有回报

有道是“一分耕耘一分收获”，或云“世间自有公道，付出总有回报”，但是在真正的现实生活中都是这样的吗？

不是每一朵花儿，都能结出饱满的果实；不是每一滴汗水，都能带来欢笑；不是每一份付出，都可以有回报。有些时候，我们的付出并没有什么回报，所有的付出只是“付之东流”。当你总是用真诚去关心、了解别人时，收到的却是冷漠；当你做什么都总是为别人着想时，别人却认为这是理所当然的事……

付出没有回报的原因有很多。原因之一是你的付出投错了地方，就像你想要在死海中钓一尾虹鳟鱼一样，无论怎样努力也白搭。你不改变策略，你的付出就注定会打水漂。世界万物的运动都是有规律的。人们不管做什么事情，都要尊重客观世界的规律，遵循客观世界的规律。凡是违背客观世界规律的事，不管付出多少，最后的结局必然是失败，而且付出越多失败越惨。

此外，就算你将努力与付出用对了地方，也不见得一定有回报。三月播种四月插秧，农民年年忙碌在田间地头，但一场突如其来的洪水就足以让他们颗粒无收，甚至于无家可归，还提什么回报啊！

不是所有的春华都会有秋实，不是全部的付出都有回报。不要再执着于“付出总有回报”之中；否则一旦付出之后没有回报，便会心有不平，大发牢骚，怨天尤人，诅咒老天不公。人在这种心态与情绪之中，最容易走极端。

不过，尽管付出不一定有回报，但这绝不能成为我们懒惰颓废的借口。不付出就一定没有回报。有则笑话是这样的：一个人整天拜着菩萨，请求菩萨保佑他

的彩票中大奖。可是他拜了很多次菩萨，愿望还是没有实现。这个人终于气愤地质问菩萨为什么不保佑自己。菩萨说："我也想帮你一回，但你也得先买彩票，我才能让你中奖啊！"

透着几分荒唐的笑话，其实也说明了一个道理：不付出就一定没有回报！

既然付出不一定有回报，而不付出一定没有回报。我们当然只有选择付出了。只是，在付出没有得到回报的时候，不要过于心急，要冷静地想一想原因。事实上，我们的付出没有回报很多时候是一个表象，有些回报是无形的。爱迪生发明灯丝时付出了 N 次还没有回报，但爱迪生认为他有回报——他知道了 N 种材料不适合制作灯丝。果然，他在第 N+1 次实验时成功了。

如果你对于付出与回报之间的关系了解清楚，那么在付出很多依然没有得到自己想要的东西时，也就不会有那么多的挫折感，也就不会轻易滋生出愤怒与抱怨。

一时的得失并不重要

一棵苹果树终于开花结果了，它非常兴奋。

第一年，它结了 10 个苹果，9 个被动物摘走，自己得到 1 个。对此，苹果树愤愤不平，于是自断经脉，拒绝成长。

第二年，它结了 5 个苹果，4 个被动物摘走，自己得到 1 个。“哈哈，去年我得到了 10%，今年得到 20%！翻了一番。”这棵苹果树心理平衡了。

而它旁边的梨子树，第一年也结了 10 个苹果，9 个被摘走，自己得到 1 个。他继续成长，第二年结了 100 个果子。因为长高大了一些，所以动物们没那么好采摘了，它被摘走 80 个，自己得到 20 个。与苹果树同样是从 10% 到 20%，但果子的数目却相差 20 倍。

第三年，梨子树很可能结 1000 个果子……

其实，再成长过程中得到多少果子不是最重要的，最重要的是树仍在成长！等果树长成参天大树的时候，你自然就会得到更多。

我们在工作中，也如同一株成长中的果树。刚开始参加工作的时候，你才华横溢，意气风发，相信“天生我材必有用”。但现实很快敲了你几个闷棍，或许，你为单位做了大贡献却没什么人重视；或许，只得到口头重视但却得不到实惠；或许……总之，你觉得自己就像那棵苹果树，结出了果子，自己只享受到很小一部分，看起来很不公平。

为什么付出没有回报？为什么为什么为什么……你愤怒、你懊恼、你牢骚满腹……最终，你决定不再那么努力，让自己所付出的对应自己所得到的。

不久之后，你发现自己这样做真的很聪明，自己安逸省事了很多，得到的并不比以前少；你不再愤愤不平了，与此同时，曾经的激情和才华也在慢慢消退。但是，你已经停止成长了，而停止成长的人，还有什么前途、盼头呢？

这样令人惋惜的故事，在我们身边比比皆是。之所以演变成这样，是因为那些人忘记生命是一个历程，是一个整体，总觉得自己已经成长过了，现在是到该结果子收获的时候了。他们因太过于在乎一时的得失，而忘记了成长才是最重要的。

有一位年轻人在一家外贸公司工作了一年，而且苦活累活都是他干，工资却最低。他曾试探性地与老板谈了待遇问题，但老板没有任何给他涨工资的迹象。

这个年轻人本来想混日子算了，同时骑驴找马另寻他路。当年轻人把自己的想法告诉了一位年长的朋友，他的朋友建议他："出去试试也不错。不过，你最好利用现在这个公司作为锻炼自己的平台，从现在就开始更加努力工作与学习，把有关外贸大小事务尽快熟悉与掌握。等你成为一个多面手之后，跳槽时不就有了和新公司讨价还价的本钱了吗？"

年轻人想想朋友的建议也有道理。利用现在这样一个有工资的学习条件，自然是不错。

又是一年后，朋友再次见到了这位昔日不得志的年轻人。一阵寒暄过后，问年轻人："现在学得怎么样？可以跳槽了吧？"年轻人兴奋中夹杂着一丝不好意思，回答道："自从听了你的建议后，我一直在更加努力地学习和工作，只是现在我不想离开公司了。因为最近半年来，老板给我又是升职，又是加薪，还经常表扬我。"——看看，这就是一个"成长"的人的收获。你长得越"大"，别人就越不敢怠慢你。退一步说，即使被怠慢了，你一身好武艺，何愁没前途？

换位思考才能让你看得更清晰

朋友老张告诉我，现在他才终于明白老板为什么一个个都那么小气了。老张之所以明白了，是因为不久前他辞职当了老板。在给别人打工时，不少人总喜欢埋怨老板刻薄，不公平；而等到自己真正当了老板时，才知道老板也有老板的难处。

在工作与生活中，很多不平之气其实是源于“各执一端”。你在你的立场上看，老板刻薄得要死；老板站在老板的立场上看，又觉得自己厚道得有点过了。如果你遭受了不公平，不要急着控诉、抗争或苦恼，不妨先进行一下换位思考。

所谓换位思考，指的是换个位置，设身处地站在对方的立场来看事情。处于不同位置的人们，对事情都有着不同的看法。员工有员工的立场，老板有老板的立场；丈夫有丈夫的立场，妻子有妻子的立场。立场不同，对同一事物的感受就会不同。例如丈夫不做家务，对于妻子来说也许不公平，但假设站在丈夫的立场，丈夫工作一天累了，回家不想动，似乎也不算是什么大的错误。而唠叨啰唆的妻子固然惹丈夫烦，但只要想想妻子在家一天都没有多少人陪她说话，好不容易等丈夫下班了有机会多说几句，似乎也在情理之中。

有一句话是这样说的：“看一个人的智力是不是上乘的，就看他会不会经常进行换位思考。”实际上，在进行换位思考的同时，我们也正逐步靠近真理。从社会的角度来讲，相互理解、换位思考是建立和谐社会的基础；从个人的角度来说，换位思考是保障自身利益的明智选择。生活在这个社会中的每一个人，都有一个公开的、对外的身份，这就决定了人们往往习惯于站在自己的立场上为人处世和思考问题。

明白了这些，下次再在我们感觉受到不公平的对待时，当我们为获得所谓的公平而不依不饶时，我们不妨先问问自己：“如果我是对方会怎么样？”也许会因为你立场的变化而改变。海尔公司的总裁曾亲自砸烂未能通过质检的不合格冰箱，因为他知道如果他是消费者，一定会因新买来的洗衣机出现故障而烦恼。松下公司对一位犯了重大事故的员工并未做出开除或是降薪的处罚，因为公司领导知道，如果他是那位员工，一定会对自己的失误给公司造成的巨大经济损失心存懊悔。这样的换位思考，使海尔电器畅销全球；这样的换位思考，使松下公司凝聚力大大提高。

当我们学会并做到换位思考的时候，我们会发现原来生活其实很美好，每一天的心情都是很好的。如果你在生活工作中遇到了什么不开心的事情，先试着换位思考一下，这时候心里就不会觉得特别别扭了。

换位思考是一种闪耀的智慧，是一种理性的牵引。换位思考能产生一种巨大的人格力量，有强大的凝聚力和感染力，它就如一泓清泉，浇灭嫉妒的焦虑之火，可以化冲突为祥和，化干戈为玉帛。其实，换位思考并不是什么深奥的东西，它存在于生活中的每个角落。我们少一点随意，别人就多一些轻松；我们少一些刻薄，别人就多一些宽容。

变生气为争气

人生难免或多或少受到一些不公平的对待。许多人在这个时候常常会生气：生怨气、生闷气、生闲气、生怒气……殊不知，生气，不但无助于问题的解决，反而会伤害感情，弄僵关系，使本来不如意的事变得更加不如意，犹如雪上加霜。更严重的是，生气极有害于自己的身心健康，简直是在“摧残”自己。

古希腊学者伊索说：“人需要平和，不要过度地生气，因为从愤怒中常会对易怒的人产生重大灾祸。”俄国作家托尔斯泰说：“愤怒使别人遭殃，但受害最大的却是自己。”清末文人阎景铭先生写过一首《不气歌》，颇为幽默风趣。

他人气我我不气，我本无心他来气。

倘若生气中他计，气出病来无人替。

请来医生将病治，反说气病治非易。

气之为害太可惧，诚恐因气将命废。

我今尝过气中味，不气不气真不气！

美国生理学家爱尔马，为研究生气对人健康的影响，进行了一个很简单的实验：把一支玻璃试管插在有水的容器里，然后收集人们在不同情绪状态下的“气水”，结果发现：即使是同一个人，当他心平气和时，所呼出的气变成水后，澄清透明，一无杂色；悲痛时的“气水”有白色沉淀；悔恨时有淡绿色沉淀，生气时则有紫色沉淀。爱尔马把人生气时的“气水”注射在大白鼠身上，不料只过了几分钟，大白鼠就死了。这位专家进而分析：如果一个人生气 10 分钟，其所耗费的精力，不亚于参加一次 3000 米的赛跑；人生气时，体内会合成一些有毒性的物质。经常生气的人无法保持心理平衡，自然难以健康长寿，被活活气死者并不罕见。另一位美国心理学家斯通博士，经过实验研究表明，如果一个人遇上高兴的事，其后两天内，他的免疫能力会明显增强；如果一个人遇到了生气的事，其免疫功能则会明显降低。

杜绝生气的另一种可行办法是：变生气为争气。美国酒店经营企业家希尔顿在年轻时比较贫穷。有一次他进饭店吃饭，因为衣着寒酸，被服务员冷落了好久。等到服务员终于上来服务，也是一副打发叫花子的模样。希尔顿顺手翻了翻菜谱，服务员就不耐烦了，说，后面的你就别看了，你要的都在前面这一页。为什么这么说呢？因为后面的菜都是比较贵的。希尔顿被服务员的话给气得不行，心想来的都是客，这样子对我也太不公平了吧？但他还是压制住自己的怒火，点了一样他消费得起的便宜菜。

饭吃完后，希尔顿的火气也慢慢消了。他心中有了一个念头：将来一定要买下这家饭店！当然，他后来的发展不只是买下一家酒店，而是在全世界拥有最著名的饭店管理集团，这就叫变生气为争气。

每个人都希望被人重视、受人尊重、受人欢迎，但有时又难免被人嘲弄、受人侮辱、被人排挤，生活给了我们快乐的同时，也给了我们伤痛的体验。而这就是生活，这就是我们需要面对的人生。有的人能够很坦然地面对一切，痛并快乐着；有的人却成天为一点小事火上心头，或者悲观丧气，怨天尤人。其实，很多时候不过是自己小肚鸡肠，去斤斤计较那些虚无的名利，而把所有的责任都推到别人的身上。我们为什么不想想，如果我们自己足够优秀，别人还会对你冷眼嘲讽吗？所以，让自己快乐的最好办法就是自己去争气，去做得更好，在人格上、在知识上、在智慧上、在实力上使自己加倍成长，变得更加强大，使许多问题迎刃而解。这就是所谓生气不如争气的精髓。

人活着就是争一口气，这口气不是生气而是争气。不过，要争气就得有志气。人最大的敌人就是自己，能战胜自己的才算坚强，而战胜别人的人只不过是有力量而已。不仅如此，一个人的成功主要还不在其有多高的天赋，也不在其有多好的环境，而在于是否具有坚定的意志、坚强的决心和明确的目标。而整体实力才是唯一的通行证，也是最可靠和有效的通行证，认识到这一点，你才能畅行无阻。

在读小学时，我们学过一篇课文：《一定要争气》。文章讲述的是我国著名生物科学家童第周的故事。在童第周 28 岁那年，他到比利时去留学，跟一位在欧洲很有名气的生物学教授学习。一起学习的还有别的国家的学生。由于旧中国贫穷落后，在世界上没有地位，外国学生非常瞧不起中国来的学生，经常讥笑与蔑视童第周。童第周暗暗立下志向：一定要为中国人争气。

几年来，童第周的教授一直在做一项难度很大的实验，但做了几年也没有成功。童第周不声不响地刻苦钻研，反复实践，终于成功了。那位教授兴奋地说：“童第周真行！”这件事震动了欧洲的生物学界，也为中国人争了气。

人人生而平等，为什么你外国人要瞧不起我中国人？这种不公平的待遇，似乎真的值得童第周生气。但光干生气有什么用？生气仅仅是一种情绪化的表现而已，仅仅停留在口头或拳头之上。但争气却是一种实实在在的行动反击。争气不是说有就有的，要靠努力才可以实现。争气值得喝彩，争气值得鼓励，争气是最值得人人都学习的。总之，生气是一种消极的发泄，而争气才是一种积极的作为。

争气不是争一时之意气，而是应该考虑到整体形势，不利于已时就忍一忍、让一让，百忍方可成金，不看情况就去争斗的人，只不过是匹夫之勇罢了。能忍住眼前之气，同样是一种可贵的心性，更是一种难得的智慧，忍小气才可以得大益；忍在大处，才能赢在大处。生于战国末年的张良本来名叫姬良，他是韩国的名门之后，其祖父和父亲相继为韩相国，侍奉过五代君王。在公元前 230 年，韩首当其冲遭秦灭。从贵胄公子沦落为亡国之奴，20 岁出头的姬良一度压不住他对秦王的怒火，冲动地想学荆轲去刺杀秦王。在公元前 218 年，他孤注一掷地发动了行刺，结果事情未成反而险些让自己丧命。侥幸逃脱后，姬良改姓张良，于躲避秦王的通缉中幸遇圯上老人。圯上老人刻意侮辱张良，让张良明白自己身上的使命，诛灭暴秦而非杀秦王。一个身负重大使命的人，看事物的眼光骤然开阔，心胸也不再狭窄。后来，张良以他坚毅的忍耐力、冷静的思考力，辅助刘邦灭秦诛楚，建立了一番伟大的功业。

德国哲学家康德说得好，生气是拿别人的错误来惩罚自己。睿智的话从来就不深奥，康德的话很好理解。一个人若生气，大抵是受了不公平的待遇，挨老板错骂，被恋人背叛……凡此种种，似乎皆不是你的错。那你为什么还要拿别人的错误来惩罚自己，让自己第二次受到伤害？如果一定要说你也有错的话，应该是你做得还不够优秀。再努力一点，做老板不可或缺的臂膀，他不光会减少错骂你的次数，甚至连正常的批评也许都会斟字酌句。再优秀一些，活出一个精彩的你，让背叛的人后悔去吧！

“生气”与“争气”虽然只是一字之差，态度却是大不相同：生气是做人上的失败，争气是做事上的成功。所以，碰上生气时抱怨少一点，担心少一点；平静多一点，稳重多一点。生活就是这样，你看得开便满眼鲜花；看不开就是满眼荆棘。

抱怨是成功路上的绊脚石

要说对人生感到不满，谁也没有资格和美国的作家海伦·凯勒相提并论。因为一场大病，她的双眼失明，耳朵也失去了听觉，要是换作常人，恐怕早已崩溃不已了。海伦作为一个又聋又瞎的孩子，一直都没有放弃过自己，在教师的帮助下，她慢慢地认识了这个世界，开始学习文字，但是对于一个看不到光明的孩子来说，这得克服多大的艰难险阻。

试问，如果你整天面对的是无边无际的黑暗和死一般的沉寂，你是选择抱怨人生，放弃自己，还是选择顽强地生存，与命运作斗争。

世界上就有着那么一群人，虽然他们没有健全的身体，但是他们用自己顽强的精神向世人证明，即使自己和普通人不同，但是也可以活得很精彩。每四年一次的残疾人奥林匹克运动会上，来自各个国家的残疾运动员，他们有的是因意外而受伤，有的是天生就残疾，他们在赛场上奔跑、拼搏，用实际行动来发扬奥林匹克精神。

2016 年的里约残奥会，中国残奥运动员获得奖牌数高达 237 枚，名列奖牌第一位，创下了 51 项世界纪录。赛场上的每个瞬间都震撼人心，想想一个普通的运动员要想获得名次得花下多少心血，然而一个残疾人那得付出多少倍的汗水才能为中国体育争光。

这样一想，你觉得自己有资格去抱怨吗？你觉得自己有什么理由可以让自己不努力？你已经够幸运的了，让你能够吃饱穿暖，可以自在地奔跑，你凭什么不去努力，你有什么资本不去努力。

少点抱怨，多点努力，你就会发现努力比抱怨更重要。职场上，老板总是比较赏识比较努力的人才，而抱怨的员工在一段时间后，就会发现自己混得越来越差了。他抱怨自己不如别人，抱怨薪水比别人低，抱怨老板对他不器重……却又何曾想过，你有比别人努力吗？你有比别人更优秀吗？以自我为中心的人，他们只看到了表层，然而没看到别人的努力，也没别人努力，也永远不会明白，抱怨比不努力还严重。

著名的科学家富兰克林这样说过，我未曾见过一个勤奋、谨慎、诚实的人抱怨命运不好；良好的品格，优良的习惯，坚强的意志，是不会被所谓的命运所击败的。

曾经有这样一个故事：工人向朋友抱怨："活是我们干的，受到表扬的却是组长，最后的成果又都变成经理的，不公平。"朋友微笑地说："看看你的手表，是不是先看时针，再看分针，可是运转最多的秒针你却看也不看一眼。"生活中的很多人都只是一个秒针，每天忙忙碌碌，非常的不起眼，这个故事是非常有哲理性的。如果你感到不公平了，那么你就去努力做前者，抱怨是没有用的。

社会就是这么现实，人们往往看到的是结果，而从不在意过程。过程的艰辛很少人会去理会，但是如果没有辛苦的努力，又怎得来丰硕的果实呢？你需要去努力，努力才会使你前进，努力才能让你明白成功不易，也可以让你明白抱怨永远换不来成功。抱怨，只会让你松懈，让你放弃，甚至比起不努力还更严重。

定律 8

黑白琴键上的人生旋律

天空没有翅膀的痕迹，而我已飞过

“我很累”和“烦着呢，别惹我”之类的口头语曾在当今社会广泛流行，这一现象引起了许多社会学家与心理学家的疑惑：为什么社会在不断进步，而人的负荷却更重，精神越发空虚，思想异常浮躁？

科技的迅速进步，使我们尝到了物质文明的甜头：先进的交通工具、通信工具、娱乐工具……然而物质文明的一个缺点就是造成人与自然的日益分离，人类以牺牲自然为代价，其结果便是陷于世俗的泥淖而无法自拔，追逐于外在的礼法与物欲，而不知什么是真正的美。金钱的诱惑、权力的纷争、宦海的沉浮让人殚精竭虑。是非、成败、得失让人或喜、或悲、或惊、或诧、或忧、或惧，一旦所欲难以实现，一旦所想难以成功，一旦希望落空成了幻影，就会失落、失意乃至失志。而那些实现了梦想的呢，又很难真正满足，他们如同一只没有脚的小鸟永远只能飞翔，在劳累中飞向生命的终点。

失落是一种心理失衡，失意是一种心理倾斜，失志则是一种心理失败。而劳累表面上是体力的疲惫，实则发自内心。身心俱疲却找不到一个停靠的港湾，是一件多么无奈与绝望的事情！

出家人讲究四大皆空，超凡脱俗，自然不必计较人生宠辱。而生活在滚滚红尘之中的你我，谁也逃离不开宠辱。在宠辱问题上，若能做到顺其自然，那才叫洒脱。一个人，当你凭着自己的努力实干，凭自己的聪明才智获得了应得的荣誉或爱戴时，仍应该保持清醒的头脑，切莫受宠若惊，飘飘然，自觉霞光万道，“给点光亮就觉灿烂”。如三国时阮籍所云“布衣可终身，宠禄岂可赖”。一个人的宠辱感很大程度上是来自于别人对自己的一种评价，而生命不应该是活给别人看的。生命可以是一朵花，静静地开，又悄悄地落，有阳光和水分就按照自己的方式生长；生命可以是一朵飘逸的云，或卷或舒，在风雨中变幻着自己的姿态。

老子的《道德经》中说："宠辱若惊，贵大患若身。何谓宠辱若惊？宠为下，得之若惊，失之若惊，是谓宠辱若惊。何谓贵大患若身？吾所以有大患者，为吾有身，及吾无身，吾有何患？"大意是："对于尊崇或污辱都感到心情激动，重视大的忧患就像重视自身一样。为什么说受到尊崇和污辱都让人内心感到不安呢？因为被尊崇的人处在低下的地位，得到尊崇时会感到激动，失去尊崇时也感到惊恐，这就叫作宠辱若惊。什么叫作重视大的忧患就像重视自身一样？我之所以有大的忧患，是因为我有这个身体；等到我没有这个身体时，我哪里还有什么祸患！"

在晚明陈继儒的《小窗幽记》里有一句这样的话：宠辱不惊，闲看庭前花开花落；去留无意，漫观天上云卷云舒。一个人要是能够做到"宠辱不惊，去留无意"的境界，那么就没有什么事物能绊住他的脚，拴住他的心。而唐朝的女皇武则天，死后立了一块无字碑。武则天的无字碑中，透露出一种大智大慧、大觉大悟的睿智。她开天辟地、以女流之辈坐南朝北，一手杀亲子、诛功臣，一手不拘一格用人才、尽心尽力治国家。荣辱相伴相生，莫一而衷。既然如此，何必学他人为自己立下洋洋洒洒的功德碑？不如糊涂一点，千秋功过，留与后人评说。一字不着，尽得风流。

天空没有翅膀的痕迹，而我已飞过！

用正确的心态面对得失

一个人坐在轮船的甲板上看报纸，突然一阵大风把他新买的帽子刮落大海中，只见他用手摸了一下头，看看正在飘落的帽子，又继续看起报纸来。另一个人大惑不解：“先生，你的帽子被风刮入大海了！”“知道了，谢谢！”他仍然继续读报。“可那帽子值几十美元呢！”“是的，我正在考虑怎样省钱再买一顶呢！帽子丢了，我很心疼，可它还能回来吗？”说完那人又继续看起报纸。的确，失去的已经失去，既然已经无法挽回，又何必为之大惊小怪或耿耿于怀呢？

一个老人在高速行驶的火车上不小心使刚买的新鞋从窗口掉下了一只，周围的人备感惋惜。不料那老人又立即把第二只鞋也从窗口扔了下去，这更让人大吃一惊。“是这样！”老人解释道，“这一只鞋无论多么昂贵，对我而言都已经没有用了。如果有谁能捡到一双鞋子，说不定还能穿呢！”

显然，老人的行为已经有了价值判断：与其抱残守缺，不如果断放弃。有时事物的价值不在于谁占有，而是在于如何占有。

许多人都有过丢失某种重要或心爱之物的经历，比如不小心丢失了刚发的工资，最喜爱的自行车被盗了，相处了好几年的恋人拂袖而去了等，这些大都会在我们的心理上投下阴影，有时甚至因此而备受折磨。究其原因，就是我们没有调整心态去面对失去，没有从心理上承认失去，仍然沉湎于已不存在的东西，而没有想到去创造新的东西。人们安慰丢东西的人时常会说：“旧的不去，新的不来。”其实事实正是如此，与其为失去的自行车懊悔，不如考虑怎样才能再买一辆新的；与其对恋人向你“拜拜”而痛不欲生，不如振作起来，重新开始，去赢得新的爱情……

有两个朋友曾结伴出门旅游，在即将返回的时候他们发现钱包不见了。其中一个人把自己去过的地方寻了个遍，询问了许多人，还到派出所报了案，结果一无所获。而另一个朋友在发现丢了钱包之后，不是一味地懊悔，而是积极想办法，考虑如何才能挣到回家的路费。他走进一家饭店，向老板讲明了自己的情况后，用给饭店洗菜的办法为自己和同行的朋友挣得回家的路费。直到现在，一提起这件事他也总是说："旅游的时间那么短，有趣的事那么多，为了丢失钱包而一直烦恼下去很不值得。"人生有许多事情要做，为什么要为一时的失去而一直伤心呢？

每个人都曾有过失去的经历，但对其所持的心态却截然不同。有的人总是向别人反复表明他失去的东西有多么好，有多么珍贵。但是有些人却表现相反，比如，他们在失去了原有的工作之后，从不会一味地伤感，而是主动去寻找新的工作。他们相信，失去并不意味着失败，失去后还可以重新拥有，而这才是成功者应具备的心态。

普希金的抒情诗《假如生活欺骗了你》最后有两句话是："一切都如烟云，一切都会消失；让失去的变得可爱。"显然，有时失去不是忧伤，而是一种美丽；失去不一定是损失，也可能是奉献。只要我们有着积极进取的心态，失去也会变得可爱！

珍惜当下的时光

在一个深山中有一座古庙。庙里有三个和尚，其中小和尚每天早上负责清扫寺院里的落叶。清晨起床扫落叶实在是一件苦差事，尤其在秋冬之际起风时，树叶总是随风飞舞，需要花费许多时间才能清扫完树叶，这让小和尚头痛不已。他一直想找个好办法让自己轻松些。

后来，小和尚的师兄告诉小和尚："你在明天打扫之前先用力摇树，把落叶统统摇下来，后天就可以不用扫落叶了。"小和尚觉得这是个好办法，于是隔天他起了个大早，使劲地猛摇树，这样他就可以把今天跟明天的落叶一次扫干净了。一整天小和尚都非常开心。

第二天，小和尚到院子里一看，不禁傻眼了：院子里如往日一样满地落叶。老和尚走了过来，对小和尚说："傻孩子，无论你今天怎么用力，明天的落叶还是会飘下来。"小和尚终于明白了，世上有很多事是无法提前的，唯有认真地活在当下才是最真实的人生态度。

生活如同墙上的日历，只有翻过旧的一页才能迎来新的一页。然而这新与旧的交替，是生命的点滴，是血液澎湃流动的一段，是生活对我们耐力与孤独的考验。没有今天的这一页，掀过去的将是一生的苍白。

不后悔过去，不奢望未来，不自寻烦恼，把握现在脚踏实地，则身心健康。大多数的烦恼可能不是出现在眼前，而是发生在难以割舍的过去和无法预计的将来。对于过去，相信总是有些记忆令我们无法忘记，或后悔，或惋惜，或感慨。感叹悠悠岁月，回想单纯而简单的生活，对于将来，则总是无法预期。或许我们都有因为对于未来不确定而彻夜难眠的经历，这些经历总是缠绕着我们，使我们总是生活在充满云彩的天空下。

古希腊哲人曾说："过去与未来并不是'存在'的东西，而是'存在过'和'可能存在'的东西。唯一'存在'的是现在。"活在当下是一种全身心地投入人生的生活方式。活在当下是聪明的，紧紧抓住眼前的机遇，不必再去多想，不必再去多问，想办法让自己活得轻松而愉快。一旦你跟生命保持在同一步调，其他的就无关紧要了。

活在当下，就是认真地对待生命的每时每刻，让阳光照在身上，让温暖留在心里。

活在当下，就是坦然地接受命运给予我们的孤独、无奈、不平，用自己的渺小支撑起生命的厚重。

时刻享受自己现在拥有的

一个人登山为了什么？是为了登顶，还是为了享受登顶过程中的美景？

人生没有绝对的顶峰，在不停地攀登过程中，要学会欣赏一路的景色。人生应该有两个目标：第一是得到所想要的东西，尽力去争取；第二是享受你现在所拥有的。然而只有最聪明的人才能做到后者。常人总是朝着第一个目标迈进，他们根本不懂得享受。

我有一个朋友，在北京打拼十多年，已经迈入了千万富豪之列。他有豪宅，有名车，有娇妻，有爱子。这样的人生，应该是幸福美满的。但他却很少开心。商战的搏杀让他神经衰弱，失眠与多梦折磨了他数年，怎么治疗也不见好转。心理医生建议他每年给自己放半个月假，外出度假放松自己，但依然不见效。有一次，我一家三口与他一家三口结伴去云南度假，刚一下飞机，就见到他急忙打开手机，给自己的公司总经理打电话，谈论公司的各种问题。其实，公司的总经理是他很信得过的人，公司的财务总监就是他弟弟，他外出根本不用他操多少心。

到了泸沽湖，在如诗如画的山水面前，也不见他怎么亲近山水。他是身在度假心在公司，不是与我探讨他生意上的事情，就是打电话给北京的公司。毫无疑问，这样的度假，根本无法得到身心上的放松，甚至可能会比不度假更让人累。因此，他的神经衰弱、失眠多梦的问题，丝毫没有好转。

人生如果只有攀登，而没有驻足的欣赏、享受攀登所带来的美景，那还有什么意义？事业是没有终点的，享受却可以随时开始。

大多数人都认为，所谓享受，那是有钱人的特权。其实不然，听骤雨敲窗，看云舒云卷，赏花开花落……这些，都与金钱无关。就像我上面提到的那位富豪朋友，他有钱，却没有心思去欣赏与享受。会享受人生的人，不在于拥有多少财富，不在于住房的大小，薪水的多少，职位的高低，而在于你是否有这份悠然之心。

生活永远不是完美的。对于我们普通大众来说，或许在养家糊口中不得不忙碌奔波。在忙碌奔波时，我们依然可以找到快乐。不管你的现状如何、目标如何，都别忘了人生的第二个目标：享受你现在所拥有的。没必要总是给享受预设了很多前提条件，人生是由每一个“当下”组成，享受现在，成就一生。

不少人的心绪往往在过去和未来之间摆荡，不是对过去耿耿于怀，就是对将来忧心忡忡，浑然不知“当下”的滋味，结果是对过去的包袱舍不得丢弃，而未来的重担又把自己弄得喘不过气来，永远在过去和未来之间游移。

现在就是我生命中最美好的时光！这，其实就是佛陀所说的“活在当下”。东西方在文化上有一定的差异，却都对“珍惜现在，享受现在”有着一致的看法。

每天当我们结束工作时，就应当把成为以往的事情忘记，因为过去的光阴不能再追回来。虽然我们难保一天所做不会有错误或蠢事，但是事情已经过去，一味地追悔只能贻误迎接明天的到来，而成为下一个令人追悔的蠢事。今天就握在我们手中，这是一个新日子，它好像人生日记本里的空白一页，任由我们去写。我们所要做的就是燃起生命的热情，激发心中的希望，倾注全力做好每一件事，享受每一个今天。

最好的沉思就是留意生活，想哭就哭，想笑就笑，闲时晒晒太阳，忙时泡个热水澡，多与人分享快乐，少关注烦恼。多留意最简单的日常活动，少预想未来怎样，也不流连在对过去的怀念中。活在当下就是最高级别的沉思。

活在当下，享受当下。生命如果说是一条奔腾不息的河流，那么每天都是一朵跳跃的浪花。我们要与浪花起舞，享受生命中难得的每一天。

德在势先，势在德后

当一个人处于众叛亲离、事事不顺的境地时，十有八九是自己在德行上出了大问题。北宋名臣薛居正曾云："德有失而后势无存也。"意思是德行一旦缺失，良好的局势就不会存在。为什么呢？因为"得道者多助，失道者寡助"（孟子语）。

一个人的德行，其实就是他对待这个世界的态度。他用正确的态度（高尚的德行）去对待这个世界，那么世界也将会以一种正确的态度回报他。反之，你若坑蒙拐骗这个世界，这个世界也不会给你好果子吃。缺德与失势存在因果关系和内在联系。失势者往往看不到"德"的力量和作用，他们有势时不讲操守，不养其德，失势时怨天尤人，不深刻反省自己，这真是很可悲的。重势不重德，是小人的行为；重德不重势，是君子的行为。德在势先，势在德后，如果本末倒置，定会惨败收场。

有这么一个故事。

一个商人对一个男孩说："你想找活干吗？"

"当然！"男孩回答。

"但是你必须向我证明你有良好的品德！"

"当然可以！"男孩回答，"我马上就去找曾经雇用过我的老板。"

"那好，你去把他找来吧，我需要和他好好谈谈你的事情。"

但是男孩去了之后，再也没有露面。几天后，商人又遇见了那个男孩，就问男孩怎么没有来找自己。

男孩回答说："因为我以前的老板同我谈了您的品德。"

人之所以成为人，与动物的很大区别就在于自己的社会性。社会性越强，对人的品德要求就越高。每个人都需要具有良好的品德，因为社会对我们提出了这样的要求，没有品德的社会是不可想象的社会。品德实际上在某种程度上就是一种无形的约束，有时甚至比法律的约束还有意义。

商人出于自己经商的目的，自然要对自己的雇员提出品德上的要求，可是在别人提出品德要求的时候却往往忽略了对自己的要求。难怪前面故事中的男孩说："我听以前的老板说起了你的品德。"他没有继续说下去，但是我们可以感觉到他的潜台词是，这个商人的品德不好！最后的结局肯定是男孩不会去为商人工作。

品德是一个人立世的根基。这个根基深厚而扎实的人，就能在社会上站得更稳、走得更健。一个品德败坏的人，即使权势强盛，也如同秋后的蚂蚱，蹦不了多久。面临失势，人首先应该反省的是：是否是因为自己的品德出了问题而导致的恶果？如果原因出在品德上，要想挽回局势绝非一日之功。你唯有洗心革面，痛改前非，方有东山再起之机会。然而，面临失势，几乎没有人会怀疑自己的品德有什么问题，就像我们前面提到的那个商人一样，他喜欢用品德的标尺去度量别人，却不愿度量自己。然而，社会对他们品德的认同程度却并不像他们想象的那样白璧无瑕和无可挑剔，这是为什么呢？答案可能有两个：一是他们对自己品德的要求也许并不很高，距离人们普遍认同的道德标准可能还差得较远；二是他们可能缺乏个人品德的塑造和表现技巧。只有让自己优秀的品德内化为一种原本的动力，然后再通过自己的言行充分表现出来，这样的品德才会产生积极的社会意义，才会为自己的形象加分升值，增光添彩。

美国加州的"克帕尔饮料开发有限公司"需要招聘员工，有一个叫莫布里的年轻人到这个公司去面试，他在一间空旷的会议室里忐忑不安地等待着。不一会儿，有一个相貌平平、衣着朴素的老者进来了。莫布里站了起来。那位老者盯着莫布里看了半天，眼睛一眨也不眨。正在莫布里不知所措的时候，这时老人一把抓住莫布里的手："我可找到你了，太感谢你了！上次要不是你，我女儿可能早就没命了。"

“怎么回事？”莫布里丈二和尚摸不着头脑。

“上次，在中央公园里，就是你，就是你把我失足落水的女儿从湖里救上来的！”

老人肯定地说道。莫布里明白了事情的原委，原来他把莫布里错当成他女儿的救命恩人了：“先生，您肯定认错人了！不是我救了您的女儿！”

“是你，就是你，不会错的！”老人又一次肯定地回答。

莫布里面对这个感激不已的老人只能做些无谓的解释：“先生，真的不是我！您说的那个公园我至今还没有去过呢！”

听了这句话，老人松开了手，失望地望着莫布里：“难道我认错人了？”

莫布里深情地安慰老先生说：“先生，别着急，慢慢找，一定可以找到救您女儿的救命恩人的！”

后来，莫布里在这个公司里上班了。有一天，他又遇见了那个老人。莫布里关切地与他打招呼，并询问他：“您女儿的恩人找到了吗？”“没有，我一直没有找到他！”老人默默地走开了。

莫布里心里很沉重，对旁边的一位司机师傅说起了这件事。不料那司机哈哈大笑：“他可怜吗？他是我们公司的总裁，他女儿落水的故事讲了好多遍了，事实上他根本没有女儿！”

“噢？”莫布里大惑不解，那位司机接着说：“我们总裁就是通过这件事来选用人才的。他说过有德之人才是可塑之才！”

莫布里被录用后，兢兢业业，不久就脱颖而出，成为公司市场开发部经理，一年就为公司赢得了数千万美元的利润。当总裁退休的时候，莫布里继承了总裁的位置，成为美国的财富巨人，家喻户晓。后来，他谈到自己的成功经验时说：“一个一辈子做有德之人的人，绝对会赢得别人永久的信任！”

通过这个故事，我们一方面可以看到这位总裁对录用人才在德行方面的高度重视；另一方面，我们也可以看到莫布里是一位绝对信守“德”的人才。对那些另有图谋的人来说，本来完全可以利用这位总裁的“稀里糊涂”，给自己贴上“救人英雄”的标签以增加被录用的概率。但莫布里却不这样做，他以德为做人之本，为自己打开人生局面奠定了最稳固的基石，所以他是通过诚信的做人之道换来了成功之本。

在实际生活中，我们每个人都应当像莫布里一样，把“德”字刻在心头，做一个令人放心的人，在一个相互信任的环境中工作，才能敲开成功之门。但就是有些人对此不以为然，总是为利益所驱，常常是件好事就贴上去，见坏事就躲开，把做人之本抛到九霄云外，像老鼠一样，令人生厌。这样的人可以成功一时，但绝不可能永远延续成功的脚步。所以我们非常有必要记住莫布里的那句话，并把它刻在心头，守住以“德”为准的做人之本，这样你迟早有一天会成为另外一个莫布里。

直言不便时就绕着说

某天，一位年轻媳妇看到小姑子穿了件新的羊毛衫，猜想是婆婆给买的，便故意高声地对小姑子说："哇，从哪儿买来的羊毛衫，真漂亮！"婆婆便在一旁答话道："从街口那家商场买的，刚进的货。我先买了一件，让你俩穿上试试，要是看中了，明儿再买一件。"

年轻媳妇其实是也想要一件，但又不好意思说出口，于是转向小姑子去夸羊毛衫，"王顾左右而言他"。聪明的婆婆也听出了弦外之音，便答应也给她买一件，于是，年轻媳妇达到了她的目的。

有位年轻人早早回家做了一锅红枣饭。妻子下班回来，端起碗，高兴地问道："这枣真甜啊，哪来的？"丈夫说乡下姑妈捎来的。妻子不无感慨地说："姑妈想得可真周到啊，年年带枣来！"丈夫说："那还用说，我从小失去父母，就是姑妈把我抚养大的嘛！"妻子说："她老人家这一生也真够辛苦的。"稍停，丈夫忽然叹了口气，说："听捎枣的人说，姑妈的老胃病又犯了，她一个人在乡下真够难的……""那就接来呗，到医院好好治治。"不等丈夫把话说完，妻子说出了丈夫想说还未说出的话。年轻人想接姑妈来城里治病，不便直说，而是通过吃枣饭、忆旧情，左三圈、右三圈地兜来兜去造成一种适宜的氛围，然后再说姑妈生病，而让妻子接过话题，说出接姑妈来的话。这样言来语去，自然圆满，比直说高明多了。

在我们日常生活和工作中，有时候，我们还真的需要在说话时"绕圈子"。那么，在什么样的情况下，说话时需要绕圈呢？

第一种情况是，为了顾及情面，有些话不方便直说出来，这时需要兜圈了。比如婆媳之间、恋人之间、两亲家之间等，都是后天建立起来的情感之塔，基础欠牢固，交往中双方都比较谨慎、敏感，言语中稍有差错，都会带来不快或产生误解、造成矛盾。

第二种情况是，为让对方更易接受，这时可以运用“兜圈子”的说话方法。有些话直接挑明了估计对方一时难以接受，一旦对方明确表示不同意，再要改变其态度就困难多了。在这种情况下，为了强调事理，说服对方，就可以把基本观点、结论性的话先藏在一边。而从有关的事物、道理、情感开始兜起圈子。待到事理通畅、明白，再稍加点拨，更能化难为易，达到说服对方的目的。前面举的那位年轻人就是针对这种情况而兜圈子的。如果他直言要接姑妈来城里治病，妻子不一定会同意。而通过吃枣饭、忆旧情，形成了把姑妈接来的充分理由，水到渠成，所以不用自己讲，妻子就把他的心里话说出来了。

兜啊兜，绕啊绕，避实就虚，多路进攻，旁敲侧击，曲径通幽。在迂回的过程中，去寻找沟通的“最大公约数”，或是争取更多的时间以利沟通的继续进行。这种兜来绕去的方式，总能把不好听的话说得中听一点，把不雅观的话说得文雅一点，把不能让人接受的话说得能让人接受，最终是听的人舒服，说的人顺心。

偶尔示弱能消除对方的敌意

人人都喜欢当强者，但强中更有强中手。一味地好强，自有强人来挑战你，还不如在适当的时候示弱效果好。在强者面前示弱，可以消除他的敌对心理。谁愿意和一个明显不如自己的人计较呢？当“强”与“弱”出现明显的差距时，自认为的强者若与弱者纠缠，实在是把自己的身份与地位降低。就像一个散打高手，根本就不屑于和一个文弱书生动手——除非在忍无可忍的情况之下。再举一个例子，如果一个不懂事的小孩骂了你，你会和他对骂吗？肯定不会，除非你也是一个小孩，或者你自愿成为一个只有小孩心胸的成年人。

《孙子兵法》中有云：“兵者，诡道也。故能而示之不能，用而示之不用……”这里所谓的“能而示之不能”，是指有能力却故意装作没有能力的样子。

三国时期的陆逊，是东吴继周瑜、鲁肃、吕蒙之后的又一个声望颇高、功绩卓著的将领。他智勇兼备，武能安邦，文能治国，并且品质高尚。孙权把他比作成汤之伊尹和周初之姜尚。就是这么一个有才能之人，在夺取荆州一战中，不停以卑下的言辞写信吹捧关羽。关羽收到陆逊吹捧自己的信后，认定 23 岁的陆逊是一个百无一用的书生，对东吴军队完全丧失警惕，全力对付曹操。这样，吴军才得以白衣渡江，兵不血刃地轻取荆州。

兵不厌诈，战争终归是以成败论英雄的。人世间的事情也许没有两军交战时那么惨烈，但人与人之间交锋的复杂程度丝毫不亚于战争。因此，在某些特殊的场合和情境下，还是需要装装无能的。

曾有一位记者去采访一位政治家，原本打算搜集一些有关他的丑闻资料，作一个负面的新闻报道。他们约在一间休息室里见面。在采访中，服务员刚将咖啡端上桌来，这位政治家就端起咖啡喝了一口，然后大声嚷道："哦！该死，好烫！"咖啡杯随之滚落在地。等服务员收拾好后，政治家又把香烟倒着放入嘴中，从过滤嘴处点火。这时记者赶忙提醒："先生，你将香烟拿倒了。"政治家听到这话之后，慌忙将香烟拿正，不料却将烟灰缸碰翻在地。

平时趾高气扬的政治家出了一连串洋相，使记者大感意外，不知不觉中，原来的那种挑战情绪消失了，甚至对对方怀有一种亲近感。

其实，整个出洋相的过程，都是政治家一手安排的。政治家都是深谙人性弱点的高手，他们知道如何消除一个人的敌意。当人们发现强大的假想敌也不过如此，同样有许多常人拥有的弱点时，对抗心理会不知不觉消失，取而代之的是同情心理。人一旦同情某一个人，是不愿去打击他的。

除了在强者面前要学会示弱外，在弱者面前我们也应该学会示弱。在弱者面前示弱，可以令弱者保持心理平衡，减少对方的或多或少的嫉妒心理，拉近彼此的距离。在弱者面前如何示弱呢？

地位高的人在地位低的人面前不妨展示自己的奋斗过程，表明自己其实也是个平凡的人；成功者在别人面前多说自己失败的记录、现实的烦恼，给人以"成功不易""成功者并非万事大吉"的感觉；对眼下经济状况不如自己的人，可以适当诉说自己的苦衷，让对方感到"家家有本难念的经"；某些专业上有一技之长的人，最好宣布自己对其他领域一窍不通，袒露自己日常生活中如何闹过笑话、受过窘等；至于那些完全因客观条件或偶然机遇侥幸获得名利的人，完全可以直言不讳地承认自己是"瞎猫碰上死耗子"。

仁爱比聪明更重要

也许有人会以为，只要有一个聪明的脑袋，学到足够的文化知识，人生就会步入坦途。实则不然，一个人要想使自己的聪明才智得到最大限度的发挥，还必须学会宽厚和仁爱，只有这样，才能得到尽可能多的人气，从而为自己的发展扫平障碍。

人际关系的黄金法则是：你如何对待别人，别人也会采取同样的方式对待你。爱人者，人恒爱。如果一个人真诚地关爱别人，就能得到别人真诚的爱。做人要有仁爱之心，正像一首歌词所唱的那样："只要人人都献出一点爱，这世界将变成美好的人间。"

"仁爱"是人类社会的精髓，无论是我国佛、道、儒三教，还是国外的基督教等，都无一不将"仁爱"作为一个重要的教义。先哲孔子是一个毕生宣扬"仁爱"精神的一个人。对于"仁"的定义，他认为"仁"即"爱人"，并提出了"己所不欲，勿施于人"，"己欲立而立人，己欲达而达人"的"忠恕"之道。儒家思想长期占据我国历史的统治地位，仁爱是儒家思想的主要内容，仁爱思想被历代贤哲智士不断弘扬光大。仁爱也是和谐社会的重要思想基础。仁爱讲究奉献，不求索取；仁爱提倡扶危济困，尊老爱幼。仁爱作为一种做人的美德，成为古今中外各界人士所崇尚的行为。

具体到小贝索斯告诉祖母吸烟短寿的事件上，我们可以看出一个10岁孩子的聪明。从祖母30年所抽的烟的数目，到这些烟缩短了祖母多少分钟的生命，再将分钟折算成天数。整个计算的过程涉及较大数字的加减乘除，对于一个10

岁的孩子来说是有难度的。贝索斯没有计算错，他说的也是实话，但他错在没有体现出“仁爱”之心。这对于一个10岁的孩子来说，也许很难。但作为成年人，我们一定要注意聪明（或真相）与仁爱之间的平衡。

子曰：“唯仁者，能好人，能恶人。”做人要有标准，虽然很多人在课本里面学了一堆价值观、人生观、世界观，可是却依旧迷失困惑，就是因为他不知仁啊。只有具有仁爱之心，才可以正确地判断，怎么样做才是真正地对人好，怎么样做其实是害人。

对人好者，人亦回报其以好。清代著名的晋商乔致庸之所以能成为一个成功的商人，一个重要原因就是他有一颗仁爱之心。乔致庸以天下之利为利，开票号实现汇通天下的目标，不是为了自己发大财，而是为了方便天下商人。开拓武夷山茶路不仅是为了自己发财，更多的是考虑如何解除广大茶农的生活之困。当有人出高价收购他经营的茶市时，他毅然撤出，这是一般的商人很难做到的。在乔家门前，常年拴着3头牛，谁家要用，只需招呼一声，便可牵去用一天；每年春节前夕，乔家大门洞开，乔致庸会拉出一扇板车，满载米、面、肉，谁家想要，只要站在门口招招手，便可随意取去。乔致庸就是凭着一颗仁爱之心，凝聚了一大批铁杆伙计，他虽然多次历经灾难，几乎家破人亡，但这些伙计却全力以赴、鼎力相救，一次次使他转危为安、化险为夷，没有伙计在危难时刻离他而去。这全是仁爱之心使然。大灾之年，他开粥棚救济十万灾民，家人与灾民同锅喝粥，为了支撑粥棚几乎倾家荡产。

而对人害者，人亦报以其害。《乔家大院》里的祁县何家，因经营烟馆生意，赚了不少钱，但做的是缺德事，害的是老百姓，因此不得好报。何家少爷也因长期抽鸦片毁坏了身体，疾病缠身，不能过正常人的生活。花了大笔银子娶回江雪英不久便一命呜呼，撒手人寰，万贯家财尽落他人之手，得到了应有的报应。

定律 9

当一切已不可逆转，不如享受此刻的风景

换个视角看世界也许更美

西方有一句谚语说得很好："纵声欢唱的人会把灾祸和不幸吓走。"意思就是说，面对灾祸和不幸，人应该选择乐观，懂得换个角度看问题，生活自然会充满欢声笑语。然而在现实生活中，人们往往看不到积极和光明的一面，却很容易看到生活的阴暗之处。

"世间本无事，庸人自扰之"，烦恼本身是不会找上你的，只不过是我们自己在寻找烦恼罢了。如果内心安宁、祥和，对外事外物都能用平常心来看待，就能够将外物的扰人之事挡在门外。

我们可以仔细回想一下，困扰我们的事情、令我们烦恼的事情只不过是我们自己的念头，真正的外在因素少之又少。我们的心不静，总在想着这些事情让我们愁苦，那些事情让我们悲观，就会愈加地烦恼，而这些烦恼，并没有什么实质的意义，只不过让我们消极一生罢了。我们想要获得快乐，获得内心的平和，就要将这些源自心中的烦恼之事驱除出去。正视自己的心，到底是事情让自己烦恼，还是心的自扰？

有一个年轻人，他的内心满是烦恼，到处寻找解脱的办法。有一天，他来到了一座山的脚下，看到绿草丛中有一个牧童正骑在牛背上，吹着牧笛，笛声很悠扬，散发着一股悠然的气息。这个内心满是烦恼的年轻人走上前去，问牧童："你能告诉我如何才能让自己从烦恼中解脱出来吗？"

"解脱是吗？那你像我一样骑到牛背上，将笛子一吹，就什么烦恼也没有了。"牧童笑着说。年轻人试了试，可还是不行。

他又继续寻找，走呀走，终于来到一个条河边，只见河岸上绿柳成荫，有个老翁正坐在柳荫下，手中拿这一个鱼竿钓鱼，神情悠然自得，乐在其中。

这个烦恼的年轻人便走到老翁面前，问道："请问，您能告诉我怎么做才能告别烦恼吗？"

老翁抬起头来看看年轻人，慢声慢气地说："孩子，和我一起钓鱼吧，我保证你会感觉到快乐的。"年轻人试完之后，发现还是不行，又开始寻找。

这次，他发现一个独自坐在石板上下棋的老翁，烦恼的年轻人就走过去向老翁询问解脱烦恼的办法。这个老翁没有让他过来下棋，只是说："孩子，我觉得你还是应该继续前行，前面有一座寺庙，寺庙中有一位高僧，他一定会告诉你解脱烦恼的办法的。"老人一边说话还一边下着棋。

烦恼的年轻人告别老翁后就一直走到寺院，果然发现了一位高僧。他走上前去，深深地鞠了一躬，将自己的来意说了出来。高僧一边捻着佛珠一边微笑着，说："这么说，你是来寻找解脱烦恼的办法了？"年轻人急忙回答："是的，请问大师能否为我指点迷津？"高僧笑着说："施主莫急，我先问你几个问题。""大师您请问。""有谁把你困住了吗？"高僧问道。"没有啊。"年轻人先是一惊，想了又想才说出口。"既然没有人将你困住，又何来解脱呢？"说完，高僧将眼睛闭上，不再说话。烦恼的年轻人听完之后，先是一愣，然后顿悟："是啊，又没有人捆绑我，我为什么要找解脱呢？原来是我自己在寻找烦恼，将自己困住了。"

是啊，人世间的事就是如此，往往决定你喜怒哀乐的并不是外界的大事小情，而是你的信念，将自己的心和外界的烦扰之事绑在一起，怎么能静下来呢？放平心态，端正心态，才能以局外人、旁观者的眼光去看待喜喜悲悲。如若不然，即使外界是一片开心、祥和、喜乐的景象，自己也是不能体会到的。

只能像那个年轻人一样，一味地通过身体去寻找幸福、快乐的方向，却不能用心去感受，换个视角看待这个世界。即使找到了又怎样，那颗不平静的心依旧会将周围平静的环境恶化，那种幸福、快乐就显得非常短暂而不可依靠。烦恼，由心生，也应由心收。看个视角看待问题、看待世界，你会发现，美好的东西还是很多的。

我们都曾朝着一个方向前进、奔跑，只是与此同时，我们也忽视了身边美丽的风景。很多时候，我们只看到了事物的表面，却忽略了背后的奥妙。在人生的不同阶段，每个人都可能执着于某种追求，即将放弃时，为什么不选择换个角度看问题，也许这个时候，你就能找出解决问题的方法了。

生活充斥着很多删减过程，在每个反复过程中，不断认清生活的本质和自身需求，懂得换个角度看问题，才能找出生活的真谛。

胸怀有多大，格局就有多大

一个人，有多大的胸怀，就代表他有多大的格局，也代表他有多大的气度和风度，意味着未来有多大的潜力。

胸怀，就是要拥有“用天下之才，尽天下之利”的气度，还应当拥有对异己、陌生的包容，只有如此，才可形成从广大处觅人生的态度，将生命的境界做大，将事业做大。

美醇特创始人王中永在谈到胸怀的话题时，他认为：“做人胸怀宽广，就得具有宽容大度。要有一种看透一切的胸怀，做到豁达大度，把一切都看作‘没什么’，才能在慌乱之时，从容自如；忧愁时增添几许快乐；艰难时顽强拼搏；得意时言行如常；胜利时不醉不昏。人的面部表情与人的内心体验是一致的。心情舒畅，精神振奋是宽容大度的体现。”

心胸狭隘的人，往往只能想到自己，眼里也只有自己，计较、谋划太多，展露出来的真实太少。可能一开始还可以占些便宜，但久而久之，大家都知道了他的为人，自然与其疏远。圈子窄了，名声臭了，人生之路自然也会越走越窄。

西晋名士王戎的家中种了几棵李子树，品种优良，结出的李子香甜可口、个儿大皮薄，大家都爱买他们家的李子。

很多人也希望自己家能有棵王戎家一样的李子树，于是将从王戎家买来的李子核种到地里，可让人意想不到的是，种下去的核从未发芽过。

时间久了，细心的人就发现，买来的李子核上有个非常细小的小洞，而且这个小洞竟然贯穿了整个核。此人又观察其他李子，结果发现其他的李子核上也有同样的小冬。

原来，王戎担心自家李子被人买去后种出相同的李子树，失去自己的专卖优势，于是用细钉在果实上打孔，贯通核，使得核不再具有发芽的能力。

后来朝廷下诏广纳贤士，王戎也被举荐入朝，可就在王戎即将步入朝堂之上时，有人将他在李子上钻洞的事透露出来，最后竟然传到了皇上的耳朵里。皇上心想："此人心胸如此狭隘，如果让他当官，简直就是国家的悲哀，民众的不幸。"就这样，王戎平步青云的道路中断了。

不计较一时的得失，才能有更长远的人际。心小，小事就变大了，心大，很多大事也就变小了。为人处世，切忌较真，多一分宽容之心，少一分争斗之力，自然更有余力去做自己的事，也会有更多的人来支持你所做的事。

一对结婚 30 几年的夫妇请亲朋好友来做客，大家都非常羡慕他们 30 年如一日的相敬如宾、相亲相爱，尤其是在场的女士，纷纷向女主人寻求婚姻幸福的秘诀。

女主人说："从结婚那天开始，我就跟我丈夫提出了一个要求，如果你冒犯我 3 次，我们就离婚。"在场的女士颇为不解，三十年，冒犯三百次都是正常，何况是三次，难道男主人真的有这么绅士、这么疼爱老婆？一次都不肯冒犯她？

这时，男主人从座位上站起来，搂着女人的肩膀对在场的人说："她的确是个好妻子，每次我冒犯她之后，她都没提过这三次，后来我们闲聊的时候我问过她：'我冒犯你是不是都有三百次了？为什么你从来没因此跟我闹过离婚？'她的回答是：'每次都是你先跟我道歉，我就将这一次的冒犯抵消了，抵消到最后也就成了零，我还有什么好闹的？'从那之后，我们吵架的次数越来越少，我也越来越爱她。"

中国有句古话："清官难断家务事。"家务，无非就是些鸡毛蒜皮的小事，很多时候，你让我一分，我让你一分，彼此也就妥协了，最终和好如初。如果事事都要较真，那日子真的是很难过下去，十有八九的夫妻都要离婚。聪明的夫妻从不在婚姻中计较微不足道的小事的对错，如此才会一直呈现出和谐的画面。心态放宽一些，生活之路也会更加宽广。

不过宽容并非与生俱来，它是随着人们的知识不断丰富、智慧不断增加、修养不断提高才逐渐感悟出的人生道理。意思就是说，它和人的思想品性、社会阅历、人生抱负、文化修养等因素有着密切关系。

宽容的人可以理解别人的难处，多看别人的长处，原谅别人的错处。有位哲人曾说过："一个人的价值和力量，不是在他的财富、地位或外在关系，而是在他本身之内，在他的品格中。"学会宽容，让生活多一分和谐和幸福，少一分烦恼和仇恨吧。

时间可以冲刷过去的悲伤

悲伤的情绪经常会蒙蔽人们的双眼，让人对未来充满迷茫。此时，你必须坚信，时间是治愈一切的良药，只有坚持下去，才能看到未来的方向。

中国有句俗语："家家有本难念的经。"成长的过程中，每个人都会遇到一些困难和挫折，这是难以避免的事情。如果在困难和挫折来临的时候，我们始终以悲伤的姿态去面对，那么悲伤的情绪就会越积越多，最终将我们变成悲观无望的人。

对于悲伤的情绪，我们不仅要及时释放，更要坚信悲伤的事情不会一直纠缠着我们，只要能够保持坚强，一切悲伤都将过去，我们一定可以获得幸福和美好的生活。

在不幸和悲伤降临的那一刻，我们或许会产生天塌地陷的无助感觉，可是在经过时间的冲刷之后，当我们再去回忆那些事情的时候，也许连自己都无法理解当时为何会有那般悲伤的感受了。就拿失恋来说，很多人在失恋的时候会觉得整个世界都是黑暗的，悲伤感甚至会让一些人做出自残之类的不理智举动。可是在十年之后，很多人能够想起的大多是恋爱时的快乐，而不是失恋时的悲伤。要相信，悲伤是一种短暂存在的情绪，它并不是我们无法摆脱的梦魇。

克里斯托弗·里夫因出演超人这一角色而为人熟知，但是在现实生活中，他也只是一个普通人，他所遭受的悲伤和痛苦，甚至比大多数人要更多一些。

1995 年，克里斯托弗·里夫在一次马术比赛中不幸从马背上摔下，导致他的颈椎严重受损。医生需要动手术才能将他的颅骨和颈椎重新连接在一起，这个手术风险很大，医生不敢保证手术一定能够成功。

对于克里斯托弗·里夫来说，等待手术的那段时间是极为难熬的。在悲伤到极点的时候，他甚至想过就此结束自己的生命，以此换得自己和家人的解脱。

一天，克里斯托弗·里夫的儿子来看望他。

儿子对爸爸的病情很好奇，于是问自己的妈妈："妈妈，爸爸的肩膀不能动了吗？"

"是的。"妈妈回答。

"爸爸的腿也动不了吗？"儿子又问。

"是的，孩子，他的腿也动不了了。"妈妈说。

听到妈妈的话，儿子有些难过，但是很快，他又带着欢快的情绪说道："至少爸爸还能笑啊！"

克里斯托弗·里夫被儿子的话感染了，他再次看到了生活的希望，找到了活下去的理由和勇气。

随后进行的手术非常成功，虽然克里斯托弗·里夫依然没能摆脱瘫痪的命运，可是他已经对未来的生活有了新的目标和期待。他战胜了自己，战胜了悲伤，并坚强地活了下来。

后来，克里斯托弗·里夫亲自导演了一部电影，建立了自己的基金会，甚至参加了一部影片的拍摄，并在其中有着精彩的表现。

克里斯托弗·里夫的身体虽然有些残疾，可是他所做的一切，都在告诉人们：他是真正的"超人"！

克里斯托弗·里夫的遭遇是非常凄惨的，由于悲伤而产生的种种念头也非常真实。值得庆幸的是，他儿子的一句话点醒了他，让他重新充满斗志，摆脱悲伤，最终成为人们心目中的真实"超人"。

当不幸发生时，悲伤的情绪就会立刻出现在眼前，人们就会看到事情黑暗的一面。很多人被情绪所困，终日以泪洗面，久久沉浸在悲伤之中，以至于看不到美好的未来。实际上，时间可以冲淡一切悲伤，只要坚持下去，就可以重获美好的心情，看到未来的阳光。

热情积极是幸福的捷径

每个人的生命都是非常短暂的，可是有的人过得丰富多彩，充满着积极和进取的态度，还有的人却生活得枯燥无味，根本就没有一点动力和活力。

其实，生活就如同一支笛、一张锣，吹之有声，敲之有声，关键还是要看自己能不能够积极去吹、去敲，去创造自己生活的节奏与旋律。可能有的人会说："万一我不会吹、不会敲怎么办呢？"积极的人生会告诉你："不吹白不吹，不敲白不敲，消极等待这就是在浪费我们宝贵的生命。"

面对困难，很多人会选择躲避和退缩，岂不知该来的终归要来。无论是困难、挫折，还是各种各样的不如意，比如：失恋、疾病、死亡等，这些有的时候是无法避免的，想躲也躲不开。而且，就算你暂时躲开了，它们也会紧紧缠着你，不让你脱身，不让你享受女人应该享受的幸福。

既然这样，那么我们与其躲避，倒不如积极投入到生活当中，让自己带着30岁女人特有的魅力，大胆迎接人生。也许正是因为你的积极投入，积极思考，积极行动，就会把一切痛苦的事情推到一边，甚至是自己都能够努力去创造一个新的、幸福的世界。

生活其实非常简单，关键就在于投入，只有投入了，才能够获得快乐。

1960年，5岁的张海迪就被医院确认为患有脊髓血管瘤，当时，父母实在不忍心看着这样年幼的孩子就这么倒下去，成为残疾人。于是父母千辛万苦背着张海迪走南闯北，遍访天下名医。

医院的大夫们都觉得这个聪慧伶俐、才智过人的孩子实在是太可怜了，只要能够有一线希望，大夫们就会尽上最大的努力。

当时在北京，医生想要给张海迪做脊椎穿刺手术，可是看见她的嫩骨头嫩肉的，又怕她承受不了那份痛苦。因为我们可以想一想，把一根长长的针头刺进骨髓，这样的痛苦是可想而知的，对于那些意志薄弱的成年人都无法忍受，更何况是一个娇娇嫩嫩、弹指可破的孩子！

当时面对大夫的犹豫不决和父母的举棋不定，没有想到张海迪却张开小嘴坚定地说："阿姨、叔叔，不要紧，扎针我不怕，挨刀我也不怕，只要您能够把我的病治好，等我长大以后，我就可以当舞蹈演员，当运动员了。"看见张海迪这般的刚强，当时在场的每一个人鼻子都是酸酸的。

脊椎穿刺手术就这样开始了。细长的针穿过张海迪的皮肤直刺到她的脊髓，针尖每前进一点，张海迪的身子都好像是触电一样猛地抽搐一下。撕心裂肺般的痛呵，扯肝掏胆般的痛啊，张海迪始终都是咬着唇，额头上面流下了豆粒般的汗珠。

当时大夫的手都开始颤抖了，进针的速度也逐渐缓慢下来。但是张海迪却喊着："阿姨，您扎呀！您扎呀！"站在一边的妈妈此时已经是毛骨悚然，针扎在女儿身上，但是却似穿着她的脊髓，她不忍看这情景，于是就赶紧跑到了门外，独自压抑着痛苦的呜咽。"妈妈，您干什么呀？您别哭，我不痛，一点也不痛。"小海迪此时还是咧开嘴微笑了一下。见此情景，妈妈用袖口抹抹发红的眼睛，脸上也不自然地露出了笑容。

案例中的张海迪强忍疼痛的动力到底在哪里？张海迪知道，自己只有接受穿刺，她的病情才能够有所好转，只有这样，她才有可能去做更多有意义的事情！对于病残的身躯、骨髓穿刺的折磨，张海迪只能够选择坚强，也只有这样，她才能够获得与命运抗争的机会。

身体既然已经是这样了，而精神状态却是我们每一个人都可以努力争取的，而且最重要的是能够从做到的一些小事入手。

一个病残的身体，没有强大精神动力的支撑，那么，势必就会在病榻上顾影自怜、日益消沉，更不要说取得任何成功了。

在张海迪的少年时代，她经过了无数次的治疗尝试，虽然没有从根本上解决张海迪的病痛，但是在战胜一次又一次的折磨过程中，张海迪学会了在病痛来临的时候选择坚强，而这已经成为了她人生的宝贵财富。

其实，当我们尝试着选择坚强、面对光明的时候，阴影就会逐渐离你远去。如果一个人能够在身处困境的时候，依旧保持良好精神的状态，那么这要比一遇到困难和挫折就灰心丧气的人更容易取得成功。

到了后来，张海迪又以一个初学者的热情和激动开始了自传体长篇小说的创作。往事历历，时空飞渡，张海迪在稿纸上开始了回忆的起初记录。

张海迪长年与疾病斗争的日子实在是太艰苦了，战胜它带来的所有困难，这本身就是一件非常困难的事情，更何况还要让自己雄心勃勃地投入长篇小说的创作呢？

就在创作自传体长篇小说的过程中，张海迪对于自己稿子的要求可谓是千锤百炼，甚至是达到了苛求的程度，三易其稿，数度重写，哪怕是脊髓炎发作，她处于休克的状态，也都没有放弃。

对于一个正常的女人来说，她也许希望自己把事情尽量干得完美无缺，可是她却很少懂得从大处着眼小处着手的道理。

一步登天这是不可能的事情，但是我们却可以从夯实基础开始，步步为营，从而让自己逐渐达到目标、实现理想。

积极的人生是一种自觉进取的人生，自觉这是一个非常重要的前提。学会珍惜自己的生命，享受自己的生命，才能让生命获得应有的价值，而这些全都是凭借自觉的力量。只有具备了自觉，我们才可以尽可能地减少环境和条件的限制，在各种情况下找到生活的突破口。

鲁迅先生说过："地上本没有路，走的人多了，也就成了路。"相信只要能够自觉投入，那么你一定能在本没有路的地方走出一条属于自己道路。

乐观自信地面对人生的不如意

人这一生，如同行走在一条未知的路上，沿途中既有数不尽的坎坷泥泞，也有看不全的风景。我们既要享受到阳光、希望、快乐、幸福……，也要面对黑暗、绝望、忧愁、不幸……这样的人生才算是完善的。

面对美丽的人生，人们通常可以微笑着去迎接，但是面对那些不可避免的哀愁，人们却很难乐观自信地去面对。由于自身的缺陷、怯懦等，人们经常不敢前行，在内心较量一番，无非出现两种结果。一种是行动伴着愿望一起走；另一种是美好的愿望枯萎在束缚的泥潭之中。

曾经有两个姑娘，她们一个叫珍妮，是美国人，另一个叫南希，是英国人。她们非常聪明、美丽，但却都是残疾人。

珍妮出生时，双腿没有腓骨。在她 1 岁的时候，她的父母做出了一个备受到人们争议的决定——截去珍妮的膝盖以下部位。从那之后，珍妮一直在父母怀抱和轮椅中生活。后来，她装上了假肢，凭借惊人的毅力，她不但能跑，还能跳舞和滑冰。而且经常出现在女子学校和残疾人的会议上进行演讲，甚至做了模特，频频成为时装杂志的封面女郎。

和珍妮不同，南希并非天生残废。她曾经参加了英国《每日镜报》的“梦幻女郎”选美，一举夺冠。

1993 年 8 月，南希在伦敦不幸被一辆警车撞倒，导致肋骨断裂，为此失去左腿。但她并没有被这一生活中的不幸击垮，而是很快就从痛苦中恢复过来。康复后，她比以前更加积极地奔走于车臣、柬埔寨，为残疾人争取权益。

可能是上天注定的缘分，珍妮和南希在一次会见国际著名假肢专家时相识了。她们一见如故，成为感情深厚的姐妹。

珍妮说："我虽然已经截去了双腿，但我现在和世界上任何女性没有什么不同。我喜欢打扮，更希望自己变得更加有女人味。"

可以说，这对好姐妹几乎忘记自己是残疾人。她们更没有时间去自怨自艾，人生在她们的眼里依旧是那么的美好，而她们在人们的眼中也是美好的。在遭受挫折和打击时，不是自怨自艾地哀叹上天的不公，而是以乐观的态度去面对，这才能让人更加的轻松自在。

珍妮和南希乐观的精神和积极的生活态度，让她们在遭遇不幸之后仍然勇往直前，再度成为万众瞩目的成功人士。

每个人的生活际遇都是不相同的，而且命运也许并不会对每一个人都那么公平，但是，你要相信，上帝在关上一扇窗的同时，也会为你开启另一扇窗。

当你在面对窗外的大地和天空的时候，最为关键的就是看你能不能够高昂起你的头，用你的一双充满了智慧的眼睛，透过岁月的风尘寻觅到辉煌灿烂的繁星。

作为生活在这个世界上的一分子，先不要问生活怎样对待你，而是应该先问一问自己，你是怎么样看待生活的？

当我们面对人生阴暗的时候，如果我们的一颗心总是被忧愁、沮丧所覆盖，干涸了心泉、黯淡了目光、失去了生机、丧失了斗志，那么我们的人生轨迹怎么能够美好呢？而我们又怎么能够成就大事呢？

永远不要指望靠别人的同情与帮助来获得成功。现实中，悲观失望的人一时的呻吟与哀号虽然可能得到别人短暂的同情与怜悯，但是最后的结果通常只会是被别人鄙夷与厌烦。要知道，能靠得住的，只有自己。

乐观面对不幸既是一种智慧，也是一种安慰，毕竟生活还要继续下去，负面心态只会让你处在患得患失的状态。倘若你正面对不幸，请用冷水洗一把脸，之后走到立镜面前，把自己打扮一番，朝着镜子里的自己微笑，微笑，再微笑，最后倒在松软的床上，闭上双眼睡上一觉，告诉自己："过了今天，一切都会过去的"，明天的太阳会为你的坚强笑脸迎接你。曾在网上看到有人这样说，遇到不幸时，你就向天空望去，天空飘来五个字，“那都不是事”会让你更顽强。是啊，有幸来到这个世上已经万幸，人生之中，遇到这点小坎坷又算得了什么呢？

爱自己，对自己好点，每天都将心情调整到最佳状态，去迎接新的一天。不要被烦恼伤神，不必被一时的不幸所牵绊，生活终归是要继续下去的。努力做事，用心做人，活到老，学到老，走出阴霾，不让自己的心因为小波动而熄灭。告诉自己，过了今天，一切都会好起来！

与其抱怨，不如提高自己

人也是一种群居动物，也是社会性最强的动物。就像自然界中的狼，狼如果不“合群”，很难捕捉到猎物。孤狼是很难在大自然中生存下去的，只有当它们团结协作的时候，才能将猎物围捕，饱餐一顿。我们的人生也是一样，必须将自己融入团队当中，才能悟空一切。

工作当中，愁眉不展，唠唠叨叨地不停抱怨，只会让事情变得更糟，而且也会让同事觉得你非常讨厌。

有的人说，生活就好像是一面镜子，你笑的时候它也笑，你哭的时候它也哭，那么当你抱怨的时候，它也只有跟着你一起抱怨了。

在工作当中，做好自己的本职工作这是应该的，可是，如果你再多做一些别的力所能及的事情，这其实就成为了你与别人不一样的地方。因此，在接到老板上司额外，并且是适度的工作安排时，千万不要抱怨，而应该尽自己的最大努力把它做得更好。因为这不仅仅只是一次机会，更是你气度的表现。另外，当老板怠慢你的时候，想想戴尔·卡耐基说的这句话：“与其抱怨别人不重视你，不如好好反省自己，不断提高自己的能力。”

刘立帅在短短一个月的时间里面已经连续更换了 4 次工作，无奈最后只好去求助一位职业咨询师。

“第一家单位的老板太苛刻，脾气太坏，我实在是忍受不了他那张严肃的脸，最后我一气之下就走了。”刘立帅不无遗憾地说，“不过那里的员工还不错。”

职业咨询师继续问道：“第二家呢？”

“哦，我是一个相对安静的人，我非常不喜欢吵闹的环境，我上了一周的班，可是我所在部门的人实在是太活跃了，我根本受不了他们的笑声……”

职业咨询师听完之后笑了一下，问：“第三家是什么问题？”

“第三家我待的时间算是比较长的，但是我反感在背后说别人坏话的人，我当时连续听到好几次别人说我很是清高，可是我自己根本就不是那样的人，我的情绪受到了干扰，所以我想换个新的环境。”

“结果我发现第四家的同事更加难以相处，虽然他们都很安静，但是我觉得似乎也太冷漠了，我去工作了两天，竟然没有一个人拿正眼看过我……”

职业咨询师听完之后把身子向后仰去，说：“你的困难其实非常好解决，你只需要明白，你要适应环境，而不是让环境适应你。你要尽量让自己‘合群’，而不是把自己置身于群体之外。”

任何一个公司，都可能有苛刻的老板，或者是异常活跃的同事，或者是在背后抱怨的小人，或者是冷漠的人，甚至最糟糕的情况是，这几种人可能会同时存在，但是你要做的就是“合群”。你一定要能够融进你现在的工作环境当中，你要适应同事和周围人的工作习惯，因为只有这样，你的才能和情绪才可以达到最好的状态。

合群与否往往会影响一个人的性格走向，也会影响到你的人际关系、工作和学习效果。8个小时的工作占去了一天的三分之一，而且还需要花费更多的时间和精力来准备上班和考虑工作，只有这8个小时快乐了，你才是快乐的。

除了工作，生活中也是如此，如果该决断时不决断，任事态一天天严重发展下去，而自己却只会抱怨，那么最终受苦的就只是自己。

前段时间，王丽跟刘琳说她想要离婚，因为她觉得老公对自己非常的不好，每次喝醉回来都会打她，生活非常的不和谐。不懂为什么，结了婚之后他就好像变了一个人一样，和在谈恋爱时候的那个人完全不一样。

在那之后的很长一段日子里，她经常来刘琳家抱怨，眼看着她日渐消沉，脸色也越来越差。王丽还把自己被打的伤口给刘琳看。于是，刘琳就劝她放弃抱怨吧，做自己想做的，如果两个人没法在一起生活，那还不如分开来更自在些。过了一段日子，王丽又来找刘琳，这次的她精神状态非常好，看起来心情还不错。她告诉刘琳她离婚了，没有一丝后悔，她想通了，与其将就，不如痛痛快快地离婚。现在的她感觉浑身充满能量，她准备找一份真正适合她的人，真心爱她的那个人。

刘琳很替王丽开心，幸亏她放弃了那以抱怨为解脱的生活，回归自我。现在的她就像以前十八岁青春少女一般，经营了一家属于自己的书吧。每天都精力充沛，浑身充满着能量。

生活不堪，困难重重，抱怨只是一时麻痹，而放弃抱怨才是真正的解脱。对于很多事情，我们都很想去做，但是总感觉有心无力，但是真正要去做的时候，却发现不是抱怨太麻烦就是抱怨没意思。其实这时候你只是被你的长期抱怨灌输一种思想，俗话说好的开始就是成功了一半，然而你连开始都不敢，又怎么能够阔谈成功与否呢？在我看来，抱怨就是缺乏勇气，连尝试都不愿意，注定成功和你擦肩而过。

整日萎靡的人是不可能有能量去创造自己想要的东西的，只有充满能量的人才可以去用自己的双手获得自己想要的。别被抱怨缠住了双手，应该学会如何解脱自我。我们都是自立自强的 80 后、90 后，就该拿出这个年纪应该具备的精神年貌。

放弃抱怨这个坏毛病，以崭新的姿态去迎接新的生活，让你更加的有朝气，有活力，这样你的生活才会越发的多姿多彩。

愤怒只会让事情变得更糟糕

每个人的生活都不是一帆风顺的，在遇到不公平的事或遇到令自己不满意的人时很容易动怒。每个人都有愤怒的时候。愤怒是一种正常的情绪，不过通常来说它对人的影响还是不严重的，只不过是一种正常情绪。但是当它失控而且变得具有破坏性时，它能导致你在工作、人际交往甚至一切生活中出现问题。而且，它还会让你感觉到你正被一种无法预见的、强大的情绪所控制。

愤怒情绪如同一匹野马，一旦转化成行为，就可能会严重伤害自己和他人。生活中，我们经常会看到有些人因为一些不足挂齿的小事而发怒，做出不该做的事，引起恶性斗殴，甚至导致人命案子的发生，最后锒铛入狱，事后常常后悔不已。

一天，一对年轻的小夫妻因一些琐事发生了争吵。妻子气愤之际，将家里的锅碗瓢盆砸了个遍，还不解气，最后又把厨房里平时给老公煲汤的汤锅、蒸饭的饭煲、炒菜的锅统统砸坏了。最后她决定，拿着两个人辛辛苦苦积攒多年的10万元现金出去挥霍。丈夫见妻子砸了东西又出去挥霍，心想：你不过了，我也不过了。于是，他不但不加阻拦，反而抢过几万块钱出去买昂贵的西服、吃大餐。一天之后，当两人购物、吃大餐回来之后，两人的气也消了大半，有和好的趋势。回到狼狈不堪的家后，两个人都后悔了，短短一天的时间，再想着多年的血汗都被挥霍得差不多了，两个人立刻又被气成了充满气的皮球。

这对夫妻的遭遇既让人气愤，又让人心生同情。愤怒很容易带给我们各种遗憾。人在愤怒的一瞬间智商接近于零，需要半个小时甚至更长时间才能逐渐回升至正常水平。因此，愤怒中的人很容易变得愚蠢。有的事情，头脑清醒的时候绝对不会做。而怒火中烧时却会做得理所当然。内心的怒火熄灭，我们甚至都不知道怎么会做出这样的事情。愤怒常常会吞噬理智，让我们做出悔之晚矣的事情。这些悔之晚矣的事情可大可小，甚至有的人因为愤怒而剥夺自己和他人的生命。因此，无论什么时候都不能轻易发怒。

陶帅的脾气一向不怎么好，一天夜里，他来到市中心的一家火锅店门前，天气寒冷，他打算吃顿火锅。可是到了火锅店后，他发现火锅店里的人很多，犹豫了一下，他还是走了进去，点了一些蔬菜和羊肉，随即就坐在桌子边拿起酒喝了起来，一边喝一边等着。可让他没想到的是，等了半个小时也不见服务员给自己上菜，就连比自己后来的人都涮上锅了，他不由得怒火中烧，怒气冲冲地把服务员叫过来训斥了一顿。店里本来就忙，再加上店员二十出头，正是血气方刚的年纪，听到他的训斥一脸的不耐烦，转身去给他搬锅加汤，加汤的时候故意用力，汤汁溅在陶帅新买的毛衣和脸上，他再一次冲着服务员怒吼道："你没长眼睛啊！倒个汤都倒不好，你还干得了什么不！"服务员听他出口便是脏话，回击道："你骂谁呢？你短教养啊！"两个人的言辞越来越激烈，到最后竟然大打出手了，陶帅居然将邻桌那烧沸了的汤锅倒在了服务员的头上，服务员的面部毁容，最后法庭以"故意伤害罪"对陶帅作出判决。

一个人面部毁容，一个人坐了牢，起因只是上菜这么点小事，罪魁祸首是失控的愤怒情绪。愤怒是一种失控情绪，经常会让人丧失理智，做出不计后果的言行，最终让自己深受其害。所以，在日常生活中，当你被激怒时，千万不能轻易发火。谁如果轻易做了怒气的俘虏，谁的生活变得不幸，最后为自己的愚蠢买单。

下面是消除愤怒情绪的一些具体方法。

1. 想办法拖延愤怒

如果你在某一特定的环境中极为典型地表现出愤怒，那么把愤怒拖延十五秒钟，然后以你的典型方式爆发。下次设法拖延三十秒，不断延长间隔期。一旦你开始意识到，你能摆脱愤怒，你就已经学会了控制愤怒。拖延就是控制，经过大量实践，你将最终能够完全消除它们。

2. 转移愤怒的情绪

心理学研究表明，在受到令人发火的刺激时，大脑会产生强烈的兴奋灶，这时如果有意识地在大脑皮质里建立另外一个兴奋灶，用它去取代、抵消或削弱引起发火的兴奋灶，就会使火气逐渐缓解和平息。例如，转移话题，寻些开心快乐的事情干，选择令自己愉快的音乐、戏曲，阅读引人入胜的小说、诗歌，或出去走走等。

3. 学会换位思考

换位思考，即站到对方的角度上想问题，与他人互换角色、位置。俗话说："将心比心。"通过心理换位，充当别人的角色，来体会别人的情绪与思想，这样就有利于防止不良情绪的产生及消除已产生的不良情绪。当对方触犯你时，我们也可以站在对方的角度想一想，可能就会觉得对方的行为情有可原。这样，不良情绪就会减弱，甚至消失了。

4. 懂得宣泄情绪

愤怒将要发生时，除了坦率地讲出心中的不满，还可以通过其他方式发泄情感，例如，打沙袋，做些剧烈运动等。值得一提的是，情感的宣泄要以不损害他人的利益为前提。

5. 向你信任的人寻求帮助

让朋友告诉你，他们什么时候看到你以言语的或者以公认的信号的方式发怒。一旦你身上出现这种信号，你就马上想想自己正在干什么，并立即实行推迟发怒的策略。

定律 10

人生的价值在于不断进取

勤奋是通向成功的“车票”

香港“珠宝大王”郑裕彤，出生在一个农民家庭，自幼家境贫寒，15 岁时即中断学业，到香港“周大福珠宝行”当学徒。临行前，母亲叮嘱他：干活即勤快，又遵守规矩，多动手，少动口。郑裕彤牢记母亲的教诲，干活勤快又机灵。他处处留意，看老板和同事如何做好经营管理，还在业余时间观察别的商家如何营业。

一次，他去别家珠宝店观察人家的经营之道，不料回来时遇上堵车，迟到了。老板发现后，问他何故迟到，他便据实相告。老板不相信一个小学徒还有这份心思，就问：“你说说，你看出了什么名堂？”

郑裕彤不慌不忙地说：“我看人家做生意比我们要精明，客人只要一进店，伙计们总是笑脸相迎，有问必答，无论生意大小，一概客客气气。就是只看不买，也是笑迎笑送。我觉得，这种待客的礼貌周到是最值得我们学习的。还有，店铺的门面也一定要装饰得像模像样，与贵重的珠宝相配。我看人家把钻石放在紫色的丝绒布上，光亮动人，让人看起来格外动心……”

郑裕彤侃侃而谈，周老板暗暗动心。他预感此子必成大器，便有意培养他。郑裕彤成年后，颇受周老板器重，周老板便又将女儿嫁给他，后来干脆将生意全部交给他打理。

郑裕彤不是无义之人，他暗下决心，一定要把珠宝行做得更好，以报答岳父的知遇之恩。在他的苦心经营下，“周大福珠宝行”发展成为香港最大的珠宝公司，每年进口的钻石数占全香港的 30%。之后，郑裕彤又投资房地产业，成为香港几大房地产大亨之一。

后来，有人问郑裕彤为什么取得如此成功？他说出了自己的秘诀：

守信用，重诺言，做事勤恳，处事谨慎，饮水思源，不应见利忘义。

在郑裕彤的“24字真言”里，“勤”是核心之一。他自走向社会，就几十年如一日地勤勤恳恳、兢兢业业，靠“勤”发家，靠“勤”致富。即使是发家后的郑裕彤，一天工作12小时也是常事，以至于他母亲常心疼地责怪他：“你又不是没钱，何苦仍然那么拼命？”

看看拥有丰厚财产尚且勤勉刻苦的郑裕彤，我们不妨时时问一下自己：我够勤奋吗？

所谓的“够勤奋”，是勤奋到了哪种程度呢？

所谓“勤奋”，意味着已经绞尽脑汁、用尽才华，发挥了所有潜能，动用了所有可以利用的人力、物力……

如果不是，那怎么能说够勤奋了呢？

不论对手是谁，不论有什么理由，人生的意义就是拼命争取胜利。或许有人认为这未免太冷酷无情，但从某种意义上说，这正是成王败寇的人类世界最真实的一面，竞争激烈的现代社会就是这般残酷！

人生应该以胜利作为最终目的，对于胜利必须有强烈的渴望。

贝多芬说：“在困厄颠沛的时候能坚定不移，这就是一个真正令人敬佩的人的不凡之处。”

遭遇紧要关头，绝对不可以松懈，必须想尽办法、拼尽全力去冲破难关。一旦穿过了这道瓶颈，前程就会豁然开朗，进入另一个光明灿烂的人生阶段。

有人说：“谁以为命运女神不会改变主意，谁就会被世人所耻笑。”

“勤”能补拙，勤学苦练才成功

“笨鸟先飞”“勤能补拙”是国人耳熟能详的老话，但自从走出校门进入了社会，这些话就不一定能经常听到了。

能承认自己有些“笨”和“拙”的人不会太多，能在进入社会之初即体会到自己“笨拙”的人就更少。大部分人都认为自己不是天才至少也是个干将，也都相信自己在接受社会几年的磨炼后，便可一飞冲天。但这是一个认识误区，能在短短几年即一飞冲天的人又能有几个呢？有的飞不起来，有的刚展翅就摔了下来，能真正飞起来的实在是少数中的少数。为什么呢？大多数人还是因为社会磨炼不够，能力不足。

所谓的“能力”包括了专业的知识、长远的规划以及处理问题的能力等要素，这并不是三两天就可培养起来的，但只要“勤”，才能很有效地提升这种能力。

“勤”就是勤学，在自己的工作岗位上，一个机会也不放弃地去学习。不仅需要自己去钻研，还要向有经验的人请教。再有就是科学合理地安排好自己的作息时间，按计划行事，将自己的时间充分地利用起来，勤而不舍。如果你本身能力已在一般人水平之上，学习能力又很强，那么你的“勤”将很快使你在团体中发出亮光。

另外一种“能力不足”的人是真的能力不足，也就是说，先天资质可能不如他人，学习能力也比别人差，这种人要和别人一较长短是徒劳的。这种人首先应在平时的自我反省中认清自己的能力，不要自我膨胀，迷失了自己。如果认识到自己能力上的不足，那么为了生存与发展，也只有“勤”能补救。若还每天痴心妄想，不要说一飞冲天，有可能连个饭碗都保不住！

对能力真的不足的人来说，“勤”便是付出比别人多好几倍的时间和精力来学习，不怕苦不怕难地学，兢兢业业地学，只有这样，才能成为龟兔赛跑中的胜利者。

其实“勤”并不只是为了补拙，在一个团体里，工作中能表现出“勤”的人始终会为自己争来很多好处：

——塑造敬业的形象。当其他人当一天和尚撞一天钟时，你的敬业精神会成为旁人眼中的焦点，认为你是值得敬佩的。

——容易获得别人的谅解。当有错误发生，必须找个替罪羊时，一般人不大会找一个勤奋工作的人来顶替。当做错了事，一般人也不忍过多指责，总是会不忍地认为，已经那么认真了，偶然出点错算什么。

——容易获得老板的信任。当老板的人当然喜欢用勤奋的人，因为这样他比较放心，如果你的能力是真不足，但因为勤，老板还是愿意给予适当的机会，毕竟老板也知道“勤能补拙”，愿意“奖勤罚懒”。

业精于勤，荒于嬉。在通往成功的路上，曲折和坎坷是难免的，而不管多么聪明的人，要想从众多道路中取一捷径，都少不了一个“勤”字。所谓“书山有路勤为径，学海无涯苦作舟”，就是指读书与勤奋的关系。人生中任何一种成功和幸福的获取，大多都始于勤而成于勤。

每天进步一点点

一个成功的人一天拥有 24 小时，一个失败的人一天也拥有 24 小时；一个学识渊博的人一天拥有 24 小时，一个不学无术的人一天也拥有 24 小时。就时间的长短来说，上天对任何人都是公平的。但是，把同样的工作交给不同的人，他们完成的时间却各有不同，这是因为人们办事的效率不同。

每一个人都有无限的可能和无限的力量。在这个世界上能成功的人，其实都是懂得把握时间的人，因为只要每天都有一点点成功，累积起来就是自己的“大成功”。每天只需要求自己进步一点，一年 365 天，你就会发现自己已经超越了以前的自己。

从现在起，面对人生或工作时，不要再浪费时间，要加倍珍惜时间，同时也要善于利用，让时间价值成倍地增长。

提高时间利用的质量有以下四个方法。

1. 一开始就把事情做对

当一群人竞争的时候，哪种人能获胜？当然是“错得少的人”！这就好比开车到某地，在不赶时间的情况下，你可以说：“慢慢找嘛，错了再调回头，总会碰上的！”但为什么不想想，如果能先看好地图，先找出正确路线，你就不必对前途那般茫然，也就不必担心走过了再调回头。于是就能省下时间，可以做更多其他的事！

时间，这正是问题所在！ 20 年前车少，你可以很容易地调头。今天处处是高速路，只怕错过一个出口，就要用上很长的时间才能找回去。

如此说来，为什么要急匆匆赶路而不找准目标呢？

在这讲求效率的时代，不先作出计划就匆匆动手的人，在未行动之前，可能已经让自己的行动注定失败！

2. 保持最佳情绪

良好的情绪是人体的润滑剂，它不仅可以促进身体健康，给人以充沛精力，还能使自己的工作效率倍增。谁都有这样的体验，人在情绪好时，心情放松，竞技状态就佳。良好的精神状态可以大大提高有用功效，减少无用功。因此，一个人要努力使自己的心态变成热爱事业、热爱工作、热爱生活，乐观豁达、目光远大，充满乐观情绪的状态。尤其是刚刚步入社会、走向生活的青年人，更应学会控制自己的情绪，使自己善于控制因身体、恋爱和婚姻的挫折以及对新环境的不适应而引起的情绪不稳，保持最佳的情绪状态，以旺盛的精力、良好的心情，去过充实而有意义的高质量的人生，切莫让忧虑、犹豫和痛苦等不良情绪压倒自己。这种情绪既不能挽回过去，也不能改变将来，只会贻误宝贵的青春，浪费宝贵的时间。

3. 学会适当休闲

有的人很珍惜时间，但也总觉得没有时间。富兰克林曾精辟地说过这么一句话："成功与失败的分水岭可以用5个字来表达——我没有时间。"这是庸人们的一个借口，一个普遍的借口。

在当今这个生活节奏日益加快的年代里，人们似乎每天都没有充裕的时间去做完想做的事，所以有许多念头就此被打消了。但仍有部分人以坚定的意志，坚持每天至少挤出1小时来休闲。事实上，往往越是效率高的人，越能挤出这1小时来。

世界著名的化学公司——杜邦公司的总裁格劳福特·格林瓦特，每天都挤出1小时来研究蜂鸟，并用专门的设备给蜂鸟拍照。权威人士把他写的关于蜂鸟的书称为自然历史丛书中的杰出作品。这种个人情趣其实也是一个人高质量生活的一个侧面，它反映了这种人健康向上的内心世界。

这1小时虽然没有直接用在工作上，但用它来调剂身心，可以令工作时更加充满活力与效率。美国第 32 任总统富兰克林・罗斯福在战争最艰苦的年代里，时常强迫自己挤出 1 小时来集邮，借以摆脱周围的一切。他把自己关在里面，摆弄着各色邮票。他进去的时候脸色阴沉，心情忧郁，疲惫不堪。等到他走出屋子离去时，精神状态完全变了，变好了，似乎整个世界变得明亮了。对这位总统来说，这点时间的独自清静换来了他全新的精神面貌。

从生理学观点来看，人的身体是一个有机的整体，各个部位所以能和谐地运动，全靠中枢神经系统的调节。神经细胞活动时，消耗神经细胞内的物质，它还能通过生化作用使细胞新陈代谢，吸收血液中带来的养分。如果兴奋状态长时间持续下去，各种营养物质得不到补偿，神经细胞就会死亡。因此，神经细胞的工作能力只能有一定的限度，有一个临界强度值。如果工作持续太久，超过了这个临界强度值，就会出现效率的下降，这时，大脑就会用其他的行为方式加以适当调节，才能保证工作的持久性和效率。因此，劳逸结合，适当休息显得十分重要。不要把休息仅仅理解为睡眠，很多方式的休息包括文娱体育活动、散步、旅游等有益身心的活动，也是积极的休息方式。

4. 利用最佳时间

一个人在一天的 24 小时中，各个时段的精力各不相同，而不同的人又有差别。有的人早晨精力好，有的人可能晚上精力好；有的人凌晨起床后半小时最容易激发创新意识，有的人喜欢把重大问题放在早饭后考虑；有的人长于连续思索，思绪高潮往往在连续思索开始后 1 小时左右出现；有的人瞬间出现灵感，时间一长反而什么也思索不出。据统计，大约 50% 以上的人，其能动性在一昼夜之内有显著变化，其中 17% 的人早晨能动性高，33% 的人在晚间能动性最高。我们把工作效率最高、能动性最强的那段时间称为最佳时间。每个人都应从自己的具体情况出发，根据自己“最佳时间”出现的规律，尽量将高质量的“时能”提供给最重要的需求，最大限度地开发和利用“时间能源”。

不轻易满足，拥有不断进取的精神

巴西著名足球明星贝利在足坛上初露锋芒时，记者问他：“你的哪一个进球踢得最好？”他回答说：“下一个！”而当他在足坛上大红大紫，成为世界著名球王，并在各项比赛中踢进1000个球以后，记者又问他同样的问题时，他仍然回答：“下一个！”在事业上大凡有所建树的人都会像贝利一样有着永不满足、不断进取的精神。马克思曾经说过：“任何时候我也不会满足，越是多读书，越会深刻地感到不满足，就越感到自己知识贫乏。科学的奥妙是无穷的。”人生的价值在于不断进取，在这方面无数成功者为我们树立了光辉的典范。

伟大的西班牙画家毕加索去世的时候是91岁。在90岁高龄时，他还拿起颜料和画笔开始画一幅新画，一幅崭新风格的画，他对世界上的事物总好像是第一次看到一样。一般来说，年轻人总是在探索新鲜事物，探索解决问题的新方法，他们热心于试验，欢迎新鲜事物，他们不安于现状，朝气蓬勃，从不满足。但老年人总是怕变化，他们知道自己什么最拿手，宁愿对过去的成功之道如法炮制，也不愿去冒失败的风险。毕加索90岁时，却仍然像年轻人一样生活着，不安于现状，寻找新的思路和用新的表现手法来运用他的艺术材料。

大多数画家在创造了一种适合于自己的绘画风格后就不再改变了，特别是当他们的作品受到人们的欣赏时更是这样。随着艺术家年岁的增长，他们的绘画风格虽然也在变，可是变化一般不会很大了。而像毕加索这样有着一种特殊艺术风格的画家，总在千方百计地寻找完美的艺术手法以表达自己不平静的心灵，可见其不断创新进取的精神。

毕加索作画不仅仅用眼睛，而且用思想。毕加索的画，有些色彩丰富、柔和、非常美丽；有些用黑色勾画出鲜明的轮廓，显得难看、凶狠、古怪，但是这些画却能启发我们的想象力，使我们对世界的看法更加深刻。面对这些画我们不禁要问，毕加索究竟想到了什么才使他画出这样的画来？我们不得不开始思考在这些画的背后究竟隐藏着什么。

毕加索一生创作了成千上万种风格不同的画，有时他画事物的本来面貌，有时他似乎把所画的事物掰成一块一块的。他不仅能把眼睛所看到的东西表现出来，而且还把人们思想所感受到的也表现出来。他一生始终抱着对世界十分好奇的心情，就像人们年轻时一样。

假如你喜欢欣赏绘画，不妨找些毕加索的画册，看看从他的画中你能悟出些什么。

19 世纪俄罗斯现实主义作家果戈理写作以勤奋著称，他坚持每天写作。他说：“一个作家，应该像画家一样，经常随身带着笔和纸。一位画家如果虚度了一天没有画成一张画稿，那是很不好的。一个作家，如果虚度了一天，没有记下一条思想、一个特点也不好……必须每天写作。如果一天没有写怎么办呢？没关系，拿起笔来，写上‘今天不知为什么我没写’，把这句话一遍一遍地写下去，等你写得厌烦了，你就要写作了。”

正是有了这种一天也不肯虚度的不断进取的精神，果戈理才完成了一部部传世之作，成为世界著名的文学家。

1673 年 2 月的一天，五十多岁的法国著名喜剧作家莫里哀患着严重的肺病，又受了风寒，身体十分虚弱，但他还是不顾亲人和朋友的劝阻，以顽强的毅力克服身体上的巨大病痛，毅然参加了自己的新作《无病呻吟》的演出，并出演男主角。莫里哀全神贯注地投入到角色的塑造中，由于咳嗽，震破了喉管，他的生命结束在了舞台上。

英国化学家、物理学家道尔顿从十七八岁开始科研生涯，从此终生不离开试验室。他对气象、物理和化学三门学科都做出了很大贡献。1844 年，他在试验室里去世前的几个小时，还像往常一样记录下了当天的气象数据。

300 多年前发明显微镜的荷兰著名生物学家列文虎克，晚年更加拼命地工作，他用自己制造的显微镜夜以继日地观察动、植物细胞，并详细记述观察结果。他的研究成果公布后，向世人展示了一个崭新的微观世界，在全世界引起了轰动。

许多取得举世闻名杰出成就的人都是生命不息，奋斗不止，为我们树立了光辉的典范。如果他们浅尝辄止或满足于已经取得的成绩，那么莫里哀即使写出了一两部成功的作品，也不会给世人留下这么深刻的印象；道尔顿即使在某些学科有所建树，也不会在气象、物理和化学三门学科都做出这么大的贡献；列文虎克即使发明了显微镜，也发现不了使他永垂青史的生物细胞。

对于有志于成为命运主宰的人来说，奋斗和进取也是没有止境的。

明日复明日，尽失良机

“抖落落，抖落落，寒风冻死我，明天就垒窝。”一只寒号鸟在寒夜里哀鸣。

第二天，太阳出来了，万物苏醒了。大地沐浴在阳光中，寒号鸟好不惬意，完全忘记了昨天晚上的痛苦，又快乐地唱起歌来。

有的鸟儿劝它：“快垒窝吧！不然晚上又要发抖了。”

寒号鸟嘲笑地说：“不会享受的家伙。”

晚上又来临了，寒号鸟又重复着昨天晚上一样的故事。就这样重复了几个晚上，大雪忽然降临，鸟儿们奇怪寒号鸟怎么不发出叫声了呢？太阳一出来，大家纷纷寻找，寒号鸟早已被冻死了。

《寒号鸟》虽是一则寓言，但它的确讲明了在人的一生中，“今天”是多么重要，是你最有权力发挥或挥霍的。总寄希望于明天的人，是一事无成的人，到了明天，后天也就成了明天。正如我国古代的《明日歌》：“明日复明日，明日何其多，日日待明日，万事成蹉跎。”你把今天的事情推到明天，明天你又把事情推到后天，一而再，再而三，事情永远没个完。只有那些懂得如何利用“今天”的人，才会在“今天”创造成功事业的奠基石，孕育明天的希望。

时间包括三个部分，“过去”是已经逝去的时间；“未来”是尚未到来的时间；“现在”是现实的时间，就在眼前的时间。应该说，“现在”这个部分的时间是最宝贵、最重要的，因为“无限的‘过去’都以‘现在’为归宿，无限的‘未来’都以‘现在’为渊源”。“过去”是“现在”发展的基础，“现在”又是向“将来”发展的起点，如果把握不住现在，将来更无从谈起。谁放弃了现在，便为葬送将来开了先例。“现在”的重要性还在于它最容易丧失，所以倍觉它的可贵。俄国文学家赫尔岑认为，时间中没有过去和将来，只有现实的现在。一个现在过去了，另一个现在立即到来，时间也可以说是许多个现在的整体集合。只有抓住了一个一个的现在，才可以积攒成一天、一月、一年……所以，从这个意义上说，“现在”是成就万事的里程碑。无论什么人，只有抓住现在，才能有辉煌的过去和灿烂的未来。

自我反省一下，看你自己有没有拖拉的习惯？如果你有个电话应该打，可是你却拖拖拉拉一直未打，或者你把闹钟定在早上 6 点，可是当闹钟响起时你却睡意正浓，于是干脆把闹铃关掉，倒头接着睡……

如果有，千万不要让拖拉的坏习惯毁掉自己的一生。下面我们将告诉你，如何和拖拖拉拉作斗争。

首先，定出最后底线。当发现自己有拖拉的倾向时，静下心来想一想当初确定的行动方向，然后问一问自己：“我最快能在什么时候完成这个任务？”定出最后底线，然后逼自己努力遵守这个底线，决不要突破底线。

其次，多做决断。练习敏捷、坚毅的决断，并使它坚定、稳固得像山岳一样。情感意气的波浪不能震荡它，别人的反对意见以及种种外界的干扰也不能打动它，使它成为你生活中的一种习惯，你便会受益无穷。这时，你不但对自己的生活充满了自信，而且也能得到别人的信任。

再次，取消不必要做的事情。当感到一些事情不那么重要，可做可不做时，做起来就容易拖拖拉拉。如果这些事情真的那么不重要，干脆就把它取消好了，不要拖延着不做然后又后悔。有效分配时间的重要一环，就是把可有可无的事情取消。当你想到做这件事情时，付出的代价似乎高于做完之后得到的好处，你的干劲儿自然就不高了。所以，应从目标与理想的角度分析这个任务。如果确信这件事完成后能够带来很多好处，那么就有动力去做这件事情了。

最后，编者引用一句名言与读者诸君们共勉：任何时候都可以做的事情，最容易变得永远也不会有时间去做。

勤能致富，懒只能挨饿

老一辈人从小就教育我们，勤劳才能致富，懒惰只能挨饿。有这样一个发人深省的故事：

巴菲特 10 岁读到一本书《赚到 1000 美元的 1000 招》，他天天读，1000 招倒背如流。他也始终牢记作者的教导：行动，行动，再行动。捡高尔夫球，捡废纸，不断寻找各种赚钱办法，最终找到了送报这个最适合他的工作，在 14 岁时达成了人生的第一个财富目标：1000 美元。

小巴菲特的致富秘诀是什么呢？那就是两个字：勤奋。没有勤奋，再聪明，再有天赋，都没有用。只有十二三岁的小巴菲特，每天早上 5 点钟天不亮就起床，去坐第一班公交车到威斯切特社区送邮报。如果他晚到了，好心的公交车司机会多等小家伙一会儿。他的公交月票卡编号总是 001 号，因为他总是第一个去买。下午放学后，再坐公交回家，骑上自行车，到春谷社区接着送晚星报。每天两趟，风雨无阻，一天要送 500 多份报纸。

所谓勤奋，光体勤不行，还要脑勤，多用心。小巴菲特报纸越送越老练，生意也越做越精。送报时顺便推销日历，还会问人家有没有过期的杂志，他帮忙回收。第二次世界大战期间纸张紧缺，有些人把旧杂志扔在楼梯拐角，巴菲特就拿走，顺便义务做清洁。卖废纸之前巴菲特会一本本检查杂志上的标签，看什么时候订阅到期。然后记在一个本子上。这是摩科崔尔出版社雇他做推销员专门发的记事本。他一户户做好清楚的档案记录，一看哪一户订期快要结束了，就去敲门推销新杂志。推销出一份杂志，可比送一天报纸挣的钱多。

这是外国人勤奋致富的故事，而中华民族是一个勤劳的民族，在中国，勤奋致富的人物事迹更是不胜枚举。华人巨富王永庆比小巴菲特有过之而无不及。

王永庆比巴菲特大 13 岁，小学毕业后家贫失学，15 岁时跟着叔叔到嘉义县城闯荡，找到一家日本人开的米店打工。王永庆边干活边留心，白天看老板如何做生意，晚上关门后看老板如何记账算账，晚上躺在床上就回想一天的事，回忆老板的每个动作、每句话，想想是什么意思，牢牢记在心里。过了短短半年就熟悉米店生意了。

1932 年春节过后，王永庆带着家里凑的 200 元钱和两个弟弟到嘉义开米店。由于本钱少，只能在最偏僻的地段租一间最小的房子。结果开业后根本没人来买米。王永庆不断琢磨，想出三招。

一是提高质量。当时碾米技术落后，米里面都有很多糠、沙砾和小石头等杂物，米店不管，只能买回家后自己拣。王永庆却是先拣得干干净净再卖。

二是送米上门。当时别的米店都不送米，王永庆看到有些年纪大的阿姨背不动，就主动送上门。一路上聊天，问问一家几口人，一次买三斗米大概能吃几天。倒米前他先把米缸擦干净，把新米放在下面，陈米放在上面。估计过多少天能吃完，记在小本子上，到了日子就主动送米上门。

三是可以赊账。当时很多人家都很穷，米店都不赊账，往往发了工资才能去买米。王永庆的米店可以赊账，先吃米，记下来发工资的日子，等发了工资一两天后再去要米钱。

用了这三招，王永庆米店的口碑越来越好，最多一天可卖出一百多斗大米，从此开始成就巨富之路。勤劳才能致富，巴菲特如此，王永庆也是如此。

有专家分析说，中国经济的成功有许多因素，中国人的勤劳就是其中主要原因。其实这一点极其关键。如果我们比较一下中国人和外国人，或者比较一下有儒家传统的人和受其他传统影响的人，这个特点就很明显。特别是中国人的吃苦耐劳，对很薄的利润也会不辞辛苦地追求，这是发家致富的重要因素。

定律 11

选择对了，才能走得更远

如何选择，决定一个人的一生

向左走？向右走？……人生的“地图”上，处处是十字路口。你每一个选择都是在为自己种下一颗命运的种子。一步走对了，又一步走对了，无数大大小小的选择走对了，你才能够品尝到成功的甘甜果实。

人的一生，只有一件事不能由自己选择——自己的出身。其他的一切，皆是由自己选择而来。

人生不过是一连串选择的过程，从你早上起来要穿哪一套衣服出门开始，你在选择；中午要去哪里吃饭，你又在选择；女孩子有众多的追求者，在考虑结婚的对象，到底是哪一位男士比较适合自己？要选择；男生找工作时要从多家大企业中选择。以上我所说的选择有大有小，但每日、每月所有的选择累积起来影响了你人生的结果。

一个选择对了，又一个选择对了，不断地做出正确的选择，到最后便产生了成功的结果。一个选择错了，又一个选择错了，不断地做出错误的选择，到最后便产生了失败的结果。若想有一个成功的人生，我们必须降低错误选择的概率，减少做错误选择的风险。这就必须预先明确你人生中想要的结果是什么？明确你人生想要的结果是什么——这本身又是一个选择。

什么样的选择决定什么样的生活。今天的生活是由三年前我们的选择决定的，而今天我们的选择将决定我们三年后的生活。我们要选择接触最新的信息，了解最新的趋势，从而更好地开创自己的未来。要知道，我们的人生只有三天，即昨天、今天、明天。你的今天是你的昨天决定的，你的明天将由你的今天来决定。

在美国历史上享有极高声誉的林肯总统，非常重视人生中的选择。他曾说：所谓聪明的人，就在于他懂得如何去选择。林肯本人就是一个懂得如何选择的人，在南北战争一度处于劣势的时候，他仍坚定地选择了“为争取自由和废除奴隶制而斗争”的道路，终于成就了一番丰功伟业。

得益于选择了正确的道路而取得辉煌成就的人还有很多，如司马迁、鲁迅、比尔·盖茨。我们可以设想一下，假如司马迁在死刑和官刑之间没有选择令男人最为耻辱的官刑并含羞忍辱地活着，假如鲁迅舍不得放弃医学，假如比尔·盖茨选择了拿哈佛的镀金文凭……那些彪炳千秋的辉煌还会由他们来谱写吗？

种瓜得瓜，种豆得豆；人生成败，源于选择。选择是如此重要，做出正确的选择又是如此困难：变数太大、诱惑太多、困难太强……然而正是因为做正确选择之难，才会有成功与失败的分野。伟大与平庸之间，常常只差一点点：选择。只有那些迎难而上的勇士与智者，才会从庸人当中脱颖而出。正如伟大佛陀所言：一部分人站在河那边，大部分人站在河这边跑上又跑下。那些在河这边跑上又跑下的人，像动物般被环境制约而不自知，这就仿佛一个人被关在某处，口袋里虽有钥匙，却不会用钥匙开门，因为他们不知道口袋里有钥匙。其实，上天在赋予人类和动物一样的生命和适应环境以求生存的本能之外，还多给了人类一把万能钥匙：运用智慧来选择行动的自由。“万物之灵”的人，“灵”就“灵”在人有别于其他生命——人具有自由选择的莫大潜能。

选择简单，生活就会简单

孔子有个爱徒名叫颜回，孔子曾经这样形容他品行的高洁：“一箪食一瓢饮，在陋巷，人不堪其忧，回也不改其乐。”颜回过着“一箪食一瓢饮”的简陋生活，但是即使这样，仍然没有改变他内心的精神世界。

孟子说：“穷则独善其身，达则兼济天下。”其实就是揭示的一个人的物质世界丰富后的精神追求。发达了可以救济贫苦的苍生，行人生之善；穷困的时候也依然怀着一颗大气达观的心态，过安贫乐道的生活。许是“采菊东篱下，悠然见南山”的从容淡定，抑或是“不以物喜，不以己悲”的气定神闲。不为外物所累，不为欲望所惑，不为得失而遗恨。

现实生活中，往往是得，我所欲也；失，我所欲也。但是我们都知道，此二者的关系是鱼与熊掌，不可兼得。我们只有以一种大气的达观态度看人生，我们看得简单，我们的生活才能简单。

美国著名连环漫画《凯文与霍布斯》中的主人公凯文，曾说过一段耐人寻味的话：“假如人们每天晚上都能坐在外面看星星，我敢说他们一定会活得大不一样。”

他说得一点也没错。日子在纷纷扰扰中过去，我们的世界变得越来越复杂。我们渴望内心的宁静，渴望生活的简单，可这种简单一不小心就被莫名地卷入一张张错综复杂的网中，纠缠不清。

有一个男孩非常喜欢享受自由、简单的生活，他喜欢旅游，喜欢那些淳朴、自然的事物。他总是在那些充满浪漫与温情的地方做一些简单的工作，比如西部观光牧场、国家公园或是季节性的度假胜地，他没有多少钱，但是他很快乐。

但他哥哥却不这么想，他希望弟弟找一份真正挣钱的工作，哥哥认为物质生活的享受才是真正的享受。哥哥经常给他寄些照片，都是他自己享受所谓美好生活的写照。照片的题目则不外乎“我的别墅”或“我的新车”之类。

有一次，男孩回寄了一张自己的照片给哥哥，自此，哥哥再也没寄过照片来了。他寄给哥哥的照片是一张大大的风景照，照片上是怀俄明州大提顿国家公园。背面是男孩的说明：“我的后院。”

我很理解男孩的感受。“美好的生活”并不取决于财产的多寡，而在于能否单纯、完全地享受简单。

美国博物学家约翰·巴勒斯曾做过类似的阐释：“宇宙万物令你满足；空气与水使你身心愉悦；清晨漫步，日落散心令你心神舒爽……夜晚的繁星让你精神振奋；小鸟的窝巢，春天的野花令你心情欢畅——这都是简单生活给你的犒赏。”

那些花时间在平凡之中发现乐趣的人的确活得不一样。差别很简单，那就是：因为懂得了人在某些时候应该过简单的生活，他们便学会了如何去生活。

曾经有一个美丽的女人嫁入豪门，却在四十岁的时候，主动离开了豪宅，过起了自食其力的简单生活。

她拥有豪车名宅、钻石珠宝，她拥有着多少年轻女人羡慕的身份和财富，然而她却放弃了。因为她不快乐，她总有数不清的应酬，也有无数太太们无聊的聚会，谈论的总是名牌和化妆，还会经常听到那些数不清的关于老公的绯闻。一开始，她还觉得很新鲜，很有意思。后来，她厌倦了这种虚荣包裹下的生活模式。

她提出了离婚，她决定不再做男人的金丝雀。她从此告别了豪宅，没有了名车。她住在简单的租来的公寓里，虽然简陋，却换来了内心的平静。她已经四十，她不再年轻，但寻找自己想要的生活，任何时候都不嫌晚。住在豪宅里的人生反而让她看不到希望，也寻求不到人生的动力。现在她选择了自己想要的生活，勇敢地摆脱了金钱的束缚。她每天会早早地上班，周末的时候，就感受生命带给她的美好，傍晚，沐着夕阳，穿着长裙慢慢地走一段路回家。

富裕的生活并没有让这个美丽的女人快乐起来，而偏偏简单的生活使得她过得平静而踏实，竟然犹如千年灾难之后的重生。原来，简单生活竟然可以带给人如此巨大的改变。

关于简单的生活，仁者见仁、智者见智。但是大部分的人总是将一切置身于物质的世界里，他们认为只有人富有了，才有条件和精力过简单的生活，而贫穷的人往往用这些不是理由的理由来搪塞自己，觉得没有充盈的物质，那么简单的生活于他们就是天方夜谭、遥不可及的。他们总是惯性地把简单的生活归结于物质的不富有，可是他们从来不会去思考富有的人生活充裕了，为什么想过简单的生活，但是也存在这样或那样的迷茫呢？觉得简单的生活依然遥遥无期呢？

其实，生活简单在于人心的简单。对于欲望的简单，对于物质的简单。但是它不是像我们所说的无欲无求、心如止水，就像有文章中提到的一样："过简单的生活并不是无欲无望，心静如死水，而是追我之所欲求我之所望，我欲我望成，我乐；我欲我望失，我也获。如果失败了，也可以得到更为深刻的心灵体验，更为难忘的人生之旅。"这就是人生，简单的人生，福兮祸之所伏，祸兮福之所倚，人的一生少不了各式各样的尝试与体验，换句话来说，人生就是在无数次尝试与体验中度过的，如果我们把生活中的各种尝试当作一道门槛，那么这道门，过得去就是门，过不去就是槛。当我们对人生的悲欢喜怒，对生活的面目一目了然了，所有一切我们认为不简单的问题、繁杂的人情世故就都简单了。

简单，其实是丰富的感知。过简单的生活，并不意味着在青春年少的岁月，我们就开始老气横秋，仿佛看破红尘，不惧生死一样。过简单的生活只是教我们像古代的文人骚客、烈士豪杰一样，在岁月的残痕里抚平岁月刻下的丝丝皱纹，尽量减少心中对荣誉、地位以及金钱的追求。是非成败转头空，享受现在，享受生活，便是一种简单的生活。

曹操面对自己迟暮之年，依然以诗明智对酒当歌。歌"老骥伏枥，志在千里；烈士暮年，壮心不已"之曲，让我们的心灵之窗依旧明澈若新；想文天祥在英雄末路之际，为举义旗而醉卧沙场时，以一身之单薄，成一家一国之丰实，以一己之信念，书一国一家之精神，歌："人生自古谁无死，留取丹心照汗青"之曲。是他们将生活与个人生死置之度外的豁达大气，让我们开始对物质世界变得简单，对内心世界的追求更加的执着。

当然，过简单的生活并不是一味地简化生活。而是让生活变得更加精致，更加富有乐趣。过简单的生活就是坚定自己的原则生活，不被外界所干涉，不被他人影响。物欲是永远都没有尽头的，生不带来，死不带去，为欲望而伤心劳神，享受不到生活的乐趣，让自己背着贪念的包袱喘不过气来，又是何苦呢？

总之，过简单的生活，就是应该做什么就做什么，不应该做什么就坚决不做。这便是真正的简单人生。

机会面前敢于决策就成功了一半

在当今信息传播迅速的时代，信息就是机会，就是财富。但信息给予的机会也是稍纵即逝，谁能快速拿捏，谁就能把握市场的供需，谁就能获得财富。在机会面前果敢决策，你就选择了成功。

1983 年，时任中国光大实业公司董事长的王光英看到了一份工作人员为他准备的报告。他从报告中得知，智利一家倒闭的铜矿由于急于还债，需要处理一批二手矿车。这批矿车都是倒闭前不久矿主为加快工程进度采购的，几乎没怎么用过。矿车均为名牌车，总数有 1500 辆。

王光英一拍大腿，认为机会来了。他火速派人与矿山老板取得了联系，表示了愿意买车的意愿。与此同时，一个负责购车的专家与工作人员派遣组火速成立了。临行前，王光英告诉他们，要有勇气，要相信自己的判断力，不要事事请示，只要你们认为车好价格好，就果敢拍板成交。

这位矿主虽说已破产，可他对即将出手的 1500 辆车保护得令人感动。这些卡车载重 7 吨到 30 吨不等，矿主包租了一个体育场，将这些车整整齐齐地摆放在这里，而且他让工人将所有的车都细心地涂抹了防锈油。专家组人员看到这些车时，不禁齐声赞叹。他们一丝不苟地验车，各项指标确实令人满意。派遣组人员丝毫不耽搁，马上开始了与矿主的讨价还价。矿主由于还债心切，最后双方很快以原价八折的价格成交了。协议刚达成，一位美国商人就来到了铜矿。

面对机会果敢决策才取得成功。也正是王光英的果敢决策，为国家净赚了 2500 万美元。试想，要是他面对信息时犹豫不决，瞻前顾后，那批车肯定就被那位美国商人捷足先登了，2500 万美元也会进了别人腰包。

拿破仑·希尔也是凭借这一念之间果敢的选择，才博得了世界最伟大的精神励志导师，改变了他一生的思想，改变了他一生的道路。

拿破仑·希尔还是个刚刚抛弃了煤矿和小镇生活、口袋里连回家的路费也没有的青年，他刚刚谋到了为《鲍勃·泰勒杂志》采访美国商业界巨头的差事。当他走进坐落于纽约第五大道上的安德鲁·卡耐基那座有四层楼大楼时，他有生以来第一次见到如此惊人的财富。忐忑不安的拿破仑·希尔被带进安德鲁·卡耐基宽大的书房。书架上摆着几千本书，四周墙上贴满了卡耐基喜爱的格言警句。其中，卡耐基特别喜爱并贴在醒目位置的是这样一句格言：不会想的人是傻瓜，不愿想的人冥顽不化，不敢想的人是奴隶。

采访限定在 3 小时之内。但是 3 小时过后，卡耐基却说："现在咱们的会谈才刚刚开始，到我家去，晚上住我那里，晚饭后我们继续谈。"采访持续了 3 天，围绕着"成功原则"，卡耐基滔滔不绝地谈论着，其中心是向希尔讲述思想在人生中的重要地位。他说，思想是人类无穷无尽力量的真正源泉，处于支配地位的思想造就了一个人本身。卡耐基以美国的诞生经过为例阐述了人类思想的力量："美国人之所以是世界上最富有、最自由的人，原因之一，就在于我们是以自由和丰富的思想去思考、去辩论、去行动。正是因为有对自由的渴望和追求，美国才得以诞生。我们对自由的思考和谈论很多，自由的观念已经深深扎根于我们的思想和感情之中，因此我们才能为之战斗，并最终为自己赢得自由"。

卡耐基告诉希尔，学会控制自己的思想有助于形成自己的个性。他说，思想是一切幸与不幸的源头，它既给你带来友谊，也会给你带来仇敌。思想本身没有界限，如果说有，也只是因为有的人由于缺乏信念而给自己套上枷锁。卡耐基自豪地说："如今的我，已不会再为贫穷而苦恼，因为是我在主宰着我自己的思想，而我的思想会给我带来我所需要的一切，甚至还要多得多。这种思想的力量是具有普遍性的，它的作用，无论是对于最卑微的人，还是最伟大的人来说都是一样的，这没有任何区别。"

在花了 3 天时间谈论他的人生哲学和建立这一哲学的必要性后，卡耐基提出了一个大约要花费 20 年才能完成的宏大计划：对来自社会各个阶层的成百上千名成功人士进行广泛采访，包括研究那些已去世的伟人们的创业经历，然后将搜集到的所有资料进行分类整理，深入研究并加以提炼，最终形成一系列综合性的原则，从而使伟人们的精神力量在改变了他们自己的生活后，也能帮助千百万人改变他们的生活。

卡耐基直截了当地问希尔：是否相信自己有能力担负起这一艰巨的任务。希尔对此深感荣幸，考虑了不到半分钟就决心接受这一任务。卡耐基告诉希尔，他给希尔的考虑时间是 60 秒。只要超过一秒钟，卡耐基就会收回这个要求，因为“一个人在熟悉了所有情况后，还不能果断地做出决定，那么就不该相信他会实行他将做出的任何决定”。

正当希尔为通过了卡耐基的测验而十分欣慰时，他被接下来给予他的条件震惊了。

安德鲁·卡耐基告诉希尔，他托付给希尔的这项任务中，绝对不包含任何资金酬劳，甚至不包括希尔在完成工作期间所必须支出的实际费用。希尔简直无法相信自己的耳朵。一个世界上最富有的人，交付给一个最贫穷的人一项艰巨的任务，并且它需要 20 年的艰辛劳动才能完成，而卡耐基居然一分钱也不打算付。

此时卡耐基向目瞪口呆的希尔保证，希尔从这份工作中得到的回报，将远非卡耐基所能给他的报酬相比，希尔能够从中率先领悟到成功的秘诀，并且为自己打开许多靠自己也许永远都打不开的大门。还有最重要的一点，就是希尔能够有幸为全世界的人们提供一份迄今为止对人类最富有启发性和指导意义的著作。

在希尔离开之前，卡耐基对他说：“20 年的时间是漫长的，我加给你的条件也非常苛刻。对你来说，前方还会有许多诱惑在等着你，它们会使你放弃这项工作而迷恋上其他的事情。所以呢，我想送你一个行动的法宝，当诱惑接连不断地向你涌来时，它可以帮你轻松地跃过它们。”希尔迅速地记下这些话。卡耐基说：“我要你认认真真地把这个行动准则记下来，这个准则是这样的：安德鲁·卡耐基，我这一生不仅要取得像你那样的成就，我还要在历史舞台的起跑线上向你挑战并且超过你。”听到这里，希尔扔下笔，说：“卡耐基先生，你非常清楚我不可能做得到这一点。”卡耐基说：“如果你自己都不相信，那我的确非常清楚你做不到这一点。但是如果你认为这一切是可能的，那你就一定能做到。”卡耐基最后给了希尔 30 天的尝试期，希尔答应了：“好吧，但愿上帝能带给我好运。”

离开卡耐基后，希尔回到了华盛顿与他兄弟合住的公寓。希尔的家人对他选择从事的这项宏大工程的反应是应有尽有——从持温和的怀疑态度到嘲笑挖苦，乃至直截了当地表示愤慨。除了他的继母玛莎以外，所有的家庭成员都认为这个决定过于鲁莽草率，并坚信他无法在完成这一宏大工程的同时，还能赚钱维持自己的生活。当然，他们只不过是把希尔内心的疑虑说了出来。他感觉到自己在骗自己，他告诉自己这是件很愚蠢的事情，几乎要对卡耐基食言了。但是，在那个月底，希尔改变了想法，他不仅相信自己将努力追赶卡耐基，而且在内心深处相信他一定会实现自己的目标。

半个世纪过去后，81 岁的拿破仑・希尔在讲台上对公众说：“现在，我可以谦虚地告诉你们，就在很久以前，我就已经把卡耐基远远抛在后面了。我虽然不像他那么富有，但我拥有我所需要的一切。与卡耐基先生比起来，我造就了更多的百万富翁。我不相信他造就了 20 个富翁，也许还没有那么多……”

正如卡耐基所说“一个人在熟悉了所有情况后，还不能果断地做出决定，那么就不该相信他会实行他将做出的任何决定”，拿破仑・希尔在面对家人、朋友的反对，甚至讥笑时，他毅然果断地担当起了这个使命。在经过二十年走访社会各阶层的成功人士后，创立了全新的成功学概念。使千百万人包括他自己从一贫如洗变成了百万富翁，从无名之辈成了社会名流。

每个人心中都要有把标尺

每个人在作出选择之前，心中都有一把标尺。但是这把标尺不一定是自己的，而是别人的。就像我们平常请朋友吃饭，你选择去湘菜馆，因为你考虑到朋友是湖南人——这时，你心里的标尺是“利他”。其实你更想进的是粤菜馆，因为你是广东人。

在选好粤菜馆或湘菜馆后，你还会面临高档与低档、坐公交车去还是打的去等一系列的选择。面对这些选择时，如果你心中没有一把标尺，后面的事会显得很尴尬。

湘菜馆选择好了，是以朋友的标尺作出的选择，或许这是出于对朋友的尊重。但在选择高低档餐厅和坐公车或打的时，如果我们不给选择量身打造一把标尺。你为了顾及颜面，打车进了高档餐厅。

吃完后发现兜里的钱不够，朋友帮你垫了一笔，此时你的“请”就失去了原本的味道。

有时候我们可以顾及别人舍弃自己的标尺。但要明白，人生是自己的。大多数的选择都是要按照自己的实际来量身打造，这样穿着的衣服才不至于过大而变得臃肿，过紧而变得不舒适。

有三个人要被关进监狱三年，监狱长给他们三个一人一个要求。

美国人爱抽雪茄，要了三箱雪茄。法国人最浪漫，要一个美丽的女子相伴。而犹太人说，他要一部与外界沟通的电话。

三年过后，第一个冲出来的是美国人，嘴里鼻孔里塞满了雪茄，大喊道：“给我火，给我火！”原来他忘了要火了。

接着出来的是法国人，只见他手里抱着一个小孩子，美丽女子手里牵着一个小孩子，肚子里还怀着第三个。

最后出来的是犹太人，他紧紧握住监狱长的手说：“这三年来我每天与外界联系，我的生意不但没有停顿，反而增长了200%，为了表示感谢，我送你一辆劳斯莱斯！”

虽然这不过是一个虚构的故事，但它告诉我们，要按照自己的实际来定一把标尺，做出适合自己的选择。同时告诉我们，每一把标尺标记的人生都是不一样的。看完故事后，我们都想像犹太人那样，但我们也应该想一想，我们真的适合做犹太人吗？如果不合适做美国人也好，可以把雪茄给卖出去，或用根雪茄换火又何尝不可。

为什么我们需要一把属于自己的标尺呢？因为有了标尺，我们就不会对自己的选择茫然，举棋不定。更不会因为自己的选择而导致最后的尴尬或悔恨。

其实每个人的心中都有几把标尺。我们迷惘，不是因为我们没有自己的标尺，而是有了却不知道什么时候该用自己的标尺，什么时候该用别人的标尺。其实这个选择也不难。我们来看看下面这个故事便可豁然开朗。

杰瑞是个不同寻常的人。他的心情总是很好，而且对事物总是有正面的看法。当有人问他近况如何时，他会回答：“我快乐无比。”

他是个饭店经理，却是个独特的经理。因为他换过几个饭店，而有几个饭店侍应生都跟着他跳槽。他天生就是个鼓舞者。如果哪个雇员心情不好，杰瑞就会告诉他怎样去看事物的正面，这样的生活态度实在让我好奇，终于有一天我对杰瑞说，这很难办到！一个人不可能总是看事情的光明面。“你是怎么做到的？”我问他。

杰瑞答道：“每天早上我一醒来就对自己说，杰瑞，你今天有两种选择，你可以选择心情愉快，也可以选择心情不好。我选择心情愉快。”

每次有坏事发生时，可以选择成为一个受害者，也可以选择从中学些东西，他选择从中学习。

“人生就是选择，当你把无聊的东西都剔除后，每一种处境就是面临一个选择，你选择如何去面对各种处境，你选择别人的态度如何影响你的情绪。你选择心情舒畅还是糟糕透顶，归根结底，你自己选择如何面对人生。”

几年后，我听说杰瑞出事了，有一天早上，他忘了关后门，被 3 个持枪的强盗拦住了，强盗因为紧张而受了惊吓，对他开了枪。

幸运的是，杰瑞被发现较早，被送进了急诊室。经过 18 个小时的抢救和几个星期的精心照料，杰瑞出院了，仍有小部分弹片留在他的体内。

杰瑞活了下来，一方面要感谢医术高明的医生，另一方面得感谢他那惊人的生活态度。

选择有时候只是一种心态，我们会迷惘，因为我们没有想到自己，而是想到别人。人生的路是自己的，不是别人的，自己的人生本来就应该由我们自己来掌控。所以无论什么时候，都应该要统一自己的“标尺”，这样我们就不会在犹豫中浪费时间。

定律 12

执行计划，如同人生的导航仪

要清楚地看到前方的路

如果把人生比喻成一艘在大海上航行的帆船，那目标、计划无疑就是帆船上的导航仪，时时为人生之船指引方向。

茅以升是我国建造桥梁的专家。他小时候，家住在南京。离他家不远有条河，叫秦淮河。每年端午节，秦淮河上都要举行龙船比赛。到了这一天，两岸人山人海。河面上的龙船都披红挂绿，船上岸上锣鼓喧天，热闹的景象实在让人兴奋。茅以升跟所有的小伙伴一样，每年端午节还没到，就盼望着看龙船比赛了。可是有一年过端午节，茅以升病倒了，小伙伴们都去看龙船比赛，茅以升一个人躺在床上，只盼望小伙伴早点儿回来，把龙船比赛的情景说给他听。小伙伴们直到傍晚才回来，茅以升连忙坐起来说："快给我讲讲，今天的场面有多热闹？"小伙伴们低着头，老半天才说出一句话来："秦淮河出事了！""出了什么事？"茅以升吃了一惊。"看热闹的人太多，把河上的那座桥压塌了，好多人掉进了河里。"听了这个不幸的消息，茅以升非常难过。他仿佛看到许多人纷纷落水，男的、女的、老的、小的，景象凄惨极了。病好了，他一个人跑到秦淮河边，默默地看着断桥发呆。他想，我长大一定要做一个造桥的人，造的大桥结结实实，永远不会倒塌！从此以后，茅以升特别留心各式各样的桥，平的、拱的、木板的、石头的，出门的时候，不管碰上什么样的桥，他都要上下打量，仔细观察，回到家里就把看到的桥画下来。看书看报的时候，遇到有关桥的资料，他都细心收集起来，天长日久，他积累了很多造桥的知识。他勤奋学习，刻苦钻研，经过长期的努力，终于实现了自己的理想，成为一个建造桥梁的专家。

怀着一颗悲天悯人的心，把建造一座结实、耐用的桥当成了茅以升一生为之奋斗的目标。虽然追求梦想的过程漫长而艰辛，然而，茅以升却从未想过放弃，并收集生活中的点滴事例，作为自己造桥的素材。就这样，通过他坚持不懈的点滴努力，大桥落成，茅以升也最终实现了他的梦想。

鲁迅先生自从看了帝国主义屠杀国人而国人无动于衷的电影之后，决心“医治国人的精神”。人生的目标是人们旺盛斗志的滚滚源泉。从那以后，他拿起了笔，毅然向黑暗宣战。

一支小小的笔，在鲁迅的手中，时而是匕首——扎向敌人的心脏；时而是手术刀——剔除国人思想中腐朽的封建残余；时而是投枪——刺破白色恐怖，寻找光明。几十年的时间过去了，他笔耕不辍，为我们留下了很多优秀作品，也成了受人尊敬的一代文学大师。如果鲁迅当时没有订立“治疗国人的精神”那个目标，那么他也许只会是一位普通革命者，或是一位医生。就是因为那个目标的确立，让他拥有了旺盛的斗志，最后在漫漫历史长河中写下了自己的名字，成了民族精神的象征。

用目标为你的人生导航，生活才能变得更加充实而有意义；用目标为你的人生导航，才能更加积极地去面对生活，每一天才会更加的充满干劲，更好地工作、生活；用目标为你的人生导航，你才有了一条更加清晰、明朗的人生之路，让你一直能清晰地看见前方的路，不会迷茫，不会找不到方向。

找准舞台，才能实现更高的人生价值

有一句很经典的话：“垃圾是放错了位置的宝贝。”同样，宝贝放错了地方也就变成了垃圾，人找错了位置也难以自由地发挥。找准自己的位置，给人生一个奋斗的目标，心有多大，舞台就有多大，随时调整自己，我们所设计的人生理想也将更具有实现的可能性。

1950 年，20 出头的郑小瑛来到当时最负盛名的莫斯科音乐学院学习作曲。她似乎注定就是为音乐而生，六岁学习钢琴，十四岁精通各种乐器并且多次登台演出。在莫斯科音乐学院里，郑小瑛的才华得到了老师和同学的认可，她的曲子时常被学校交响乐队拿去演奏。

有一次，在音乐厅看见指挥师正演奏她的曲子，她被那种意气风发深深吸引住了，一个理想由此萌发：“我要成为一位优秀的指挥家！”

从那以后，郑小瑛一有时间就跑到音乐厅去看表演，当然，最主要的是暗中学习指挥技巧，还时不时找机会向教授求教。回到宿舍后，她就对着自己的曲子开始练习指挥，同学们都取笑她说：“难道你想成为一名指挥家吗？别白费力气了，因为那是一件不可能的事情！”

同学的话其实不无道理，当时全世界的女性地位都不高，有机会接受音乐教育的女性已经很少了，更何况是女性指挥家？虽然不敢说全世界绝对没有一位女性指挥家，但在当时，他们都没有听说过。指挥家，似乎是专属于男人的职业。

“难道女性就不可能成为指挥家吗？”郑小瑛在心中发问。没人能给她答案，能给答案的人只有她自己！

此后，郑小瑛在指挥上的学习和锻炼更加勤奋了，从表情到手势，从眼睛到心灵……

机会总是属于有准备的人！有一次，学校里组织一个音乐盛会，郑小瑛所作的一首曲子被选进了演奏曲目中。而观众席中，有两位响当当的人物：苏联国家歌剧院的指挥海金和莫斯科音乐剧院的指挥依·波·拜因。谁都没有想到的是，正当音乐指挥走上台子的时候，他居然扭伤了脚，一个踉跄跌坐到地上，全场一片惊呼。工作人员很快跑过去扶住教授，同时还有人把椅子搬上指挥台，想让他坐在椅子上指挥，但那同样不行，因为他扭到脚的同时也碰伤了肘部。教授摇摇头，全场不知如何是好！

郑小瑛一下子从椅子上站起来，在一片惊愕的目光中，走到那位教授的面前一鞠躬说："我以艺术的名义向教授申请接过您手中的指挥棒！"

面对这样一张年轻而坚毅的脸，教授找不出任何理由拒绝，他把手中的指挥棒递给了郑小瑛。她转过身，对乐手们点头示意，指挥开始了：只见指挥棒在她的手中时而急促有力，时而缓和悠扬，音乐就像是从她指挥棒上流淌出来似的，时而奔腾如雷，时而平静似水，她那热情奔放，气魄雄伟的指挥蕴藏着无比强烈的艺术感染力，简直无懈可击，完美无瑕，就连那位扭伤脚的教授和观众席上的海金、依·波·拜因也频频点头。一曲结束，掌声四下雷起，海金和拜因更是对郑小瑛做出了这样的评价："她，将来必定是一位卓越的指挥家！"

当天，海金正式向郑小瑛提出邀请，让她进入苏联国家歌剧院深造指挥艺术。"艺术应该属于任何人，不应该有性别之分！"海金说。进入国家歌剧院后，郑小瑛刻苦学习，先后成功地指挥了《托斯卡》《茶花女》等一系列苏联经典歌剧，在苏联引起了极大的轰动。

几年后，郑小瑛艺成回国，为音乐事业做出了伟大贡献，最终成为中国甚至是全球第一位卓越的交响乐女性指挥家。2010 年，82 岁的郑小瑛被首届中国歌剧艺术成就大典授予终身成就荣誉奖！

郑小瑛成功地实现了她的梦想，成为一名卓越的交响乐女性指挥家。然而，郑小瑛的成功却绝非偶然，如果不是有着对艺术的执着追求，成为指挥家的坚定信念，以及努力把梦想变为现实的一颗果敢行动的心，那也不会成就这个中国甚至全球第一位的交响乐女性指挥家。

雄鹰的舞台是苍天，在那里飞出一道俊逸潇洒的弧线；鱼儿的舞台是河海，在那里展现一派鱼翔浅底的惬意；苍松的舞台是峭壁，在那里演绎栉风沐雨的坚韧。

是蜡烛，就要燃烧；是粉笔，就甘愿“粉身碎骨”；是溪流，就要东流入海；是水滴，就要折射太阳的光彩。因为这些，才是它们的舞台。

找准自己的舞台，是对自己的未来有一个清醒的认识，“我将来要做什么”“我将来能做什么”的一个答复；找准自己的舞台，给自己拟定一个切实可行的人生规划，并一步一个脚印地朝着这个目标为之奋斗，一步步朝着终点前进，直至成功；找准自己的舞台，更是对自己的一种鞭策，有了目标，就有了热情，有了积极性，有了使命感和成就感。找准自己的舞台，让我们每个人都在各自的舞台上尽情抒写辉煌。

不忘初心，踏实地走好每一步

从小到大，我们总会做着许许多多的梦，梦想着成为一名科学家或者太空人，又或者当一名售票员……生活每天都在变，梦想也跟着生活的脚步一起在变动。今天想做这件事，明天又想做那件事，像猴子搬玉米一样，看到一个想一个，到头来，却什么都没得到。

从前，一个农夫有两个女儿。大女儿漂亮、善良，多情，人见人爱，大家都宠着她，说她有一天是要嫁到皇宫里去的。小女儿却长相平平，也没有什么突出的个性，她是在大家的忽视中慢慢长大的。大女儿白天帮母亲料理家务，闲下来就浇浇花、喂喂鸟，完全不知日子的流逝，对未来也没什么打算。她的人生早就被她母亲安排好了，那就是通过走访那些和贵族沾边的远亲来结识上层人士，尽可能地嫁给高官或皇族。这是他们全家人的希望，除了小女儿。她整天蹲在一堆破布和针线当中。她有一个愿望，就是做世界上最美丽的衣裙。

她从小就看到全家人省吃俭用给姐姐买的花裙子，是那样的漂亮，就像展翅的蝴蝶，又像吐蕊的花蕾。她也曾趁大家熟睡的时候，偷偷穿在身上，在月光下跳舞。可是，那些裙子到底不是她的，是姐姐的呀，全家省吃俭用一年只能买一条这样贵的裙子。后来再大一些，她就不再偷穿姐姐的裙子了，而是暗暗下决心，要自己缝制漂亮的花裙。从那个时候起，她总是想方设法在村子里收集各种废旧剩余的布料，照着样子缝制裙子。她的针线活越做越好，缝的补丁都看不见针脚，而且她能够按照补丁的形状缝成花啊太阳啊蜻蜓啊，完全看不出来是块补丁。她的手艺引起了村里裁缝的注意，就让她到店里帮忙。从此，她开始了正规的缝纫学习。

就在她进入裁缝作坊里的时候，她的姐姐也开始了相亲。农夫和他的妻子用小女儿缝制的衣裙，把他们的大女儿打扮成大户人家的小姐，让她去参加各个社交舞会，以求能够遇见贵人。小女儿曾经对姐姐说，如果不想去可以拒绝的。但是那个美丽的人，她不知道自己要什么、能做什么，倒不如听从父母的安排。时间就这样过去了，大女儿终于找到一个愿意接受她的贵族，可是这个贵族已经四十岁了，右腿有些不灵便，而且还带着前妻留下的两个孩子。同时，小女儿也来到城里，是村里的裁缝资助她到著名的裁缝店学习的。大女儿出嫁了，她的父母很开心，得到了一大笔钱，而她自己却无所谓快乐不快乐的。她没有什么想要的，也不知道能做什么，只是听从命运的安排。偶尔地，她会羡慕妹妹的梦想和努力，但那也只是一小会儿罢了。

小女儿的手艺越来越好，很多上层贵族都喜欢找她做衣服。当她姐姐有了第一个孩子的时候，她终于攒够钱，可以自己开店了。她是多么激动啊，她终于能专心设计，朝着“最美丽的衣裙”这个梦想迈进，还可以免费为那些穷苦的女孩子裁剪漂亮的裙子。小女儿的生活充实而快乐，相反地，她的大姐开始渐渐地枯萎。她生活在“家庭”的形式中，对自己的丈夫、孩子没有热情。也许，她从来就没有对什么怀抱过热情。她很好地履行一个妻子的职责，仅此而已。你再也找不到那个喂鸟养花的美丽的人，这里只是一副躯壳，容颜凄美、衣着华丽。小女儿很多次劝姐姐想想自己的梦想。可是，那个被上帝眷顾的人淡淡地说，没什么想要的，也没什么可做的。

小女儿的手艺和善行终于传到了皇宫里。公主出嫁的时候，她领到命令负责裁制嫁衣。小女儿说，仅有尺寸是不行的，她需要见到公主本人，才能知道她最适合什么样的衣服，衣裙不仅要合尺寸，更要和人的气质相和谐。于是，她被特准进了皇宫。嫁衣做好了，公主穿上后惊艳四方，各国的王公贵族都非常喜欢，纷纷打听是在哪里定做的。小女儿在京城中一下子成了名人，然而真正令她高兴的是，她终于做成了世界上最美丽的衣裙。然而，更意想不到的是，在她给公主量体裁衣的时候，公主的哥哥，本国的国王恰好经过。于是，不久后她成为了王后。王后之命，那是人们曾经给她姐姐的预言，却在她身上应验了。不过，那不是命运的恩赐，而是她依靠自己的努力获得的。

小女儿成功了，一直坚守做一条“最美丽的衣裙”的梦想，她不仅成为一名出色的裁缝，成功地实现了她的梦想，而且还收获了自己的幸福，成为了国王的王后，实现了原本在她姐姐身上的预言。而大女儿呢，对于生活，从来没有自己的想法，从来不知道自己要什么，任何事情都是让父母安排好了让自己去做，日子也就在浑浑噩噩中度过，蹉跎了一生的美好年华。

人生，有梦想是一件很美好的事情，但对于自己认定了的梦想，要学会坚守，要有“咬定青山不放松”的信念。面对梦想，若一味地三心二意，像小学课本里猴子掰玉米里的那只猴子一样，看到一个丢一个，最后只能落得两手空空。

坚守自己的梦想，纵然前路漫漫，旅途中荆棘密布也不要放弃；坚守梦想，在自己的人生之路上，做到有计划地前进，就会使人生变得丰富有意义；坚守梦想，活在当下，放眼未来，并脚踏实地地走好每一步，成功就在不远处。

一百次的心动不如一次行动

从前有一个人，他梦到一个神仙，神仙告诉他：“不久他将有机会得到很大的一笔财富，并在社会上获得卓越的地位，而且还能娶到一个漂亮的妻子。”

这个人终其一生都在等待这个奇迹，可是却什么事也没有发生。最后他死了，在天堂他又看到了那个神仙，他对神仙说：“你说过要给我财富，很高的社会地位和漂亮的妻子的，我等了一辈子，却什么也没有。”神仙回答道：“我从来没有这样说过，我只承诺过要给你机会得到财富，一个受人尊重的社会地位和一个漂亮的妻子，可是你却让这些从你身边溜走了。”

这个人迷惑了，他说：“我不明白你的意思。”

神仙回答道：“你记不记得你曾经有一次想到一个好点子，可是你没有行动，因为你怕失败，而不敢去尝试。”这个人点点头。神仙继续说：“因为你没有去行动，这个点子便给了别人，于是别人成了富有的人。”

“还有，你应该记得，有一次城里发生了大地震，很多人被埋在了废墟下面，你本来有机会去拯救那些存活的人，可是你却瞻前顾后，畏首畏尾，结果错失良机。因此，你也不可能获得荣耀和尊重。”

神仙继续说：“你记不记得还有一个头发乌黑的漂亮女子，那个曾经令你着迷的女人。可是，你认为她不会喜欢你，更不可能答应跟你结婚，你因为害怕被拒绝，就让她从你身旁溜走了。”这个人又点点头，可是这次他流下了眼泪。

神仙说：“我的朋友啊！就是她！她本来应是你的妻子，你们会有好几个可爱的孩子，而且跟她在一起，你的人生将会有许许多多的快乐。而你却都没有把握住。”

我们因为害怕被拒绝，而不敢跟人们接触；我们因为害怕被嘲笑，而不敢跟人们沟通情感；我们因为害怕失落的痛苦，而不敢对别人付出承诺……出于种种的原因和理由，我们只甘于心怀梦想而等待，任无情的岁月从身边流逝而去，却并不采取实际的行动，最后得到的只能是无尽的悔恨和无奈。

艾伦是一个很可爱的小姑娘，可是她有一个坏习惯，那就是她每做一件事情，都要花费大量的时间来抉择与准备，而不是马上行动，所以总是后悔不已。

一天，邻居告诉她史密斯家的牧场里有很好的草莓可以自由采摘，他愿意以每夸脱 15 美分的价格收购。听到这个消息后，艾伦高兴坏了，谢过邻居之后，马上就回家准备。到了家里，她不是立刻找出篮子准备出门，而是在家里埋头计算采 5 夸脱草莓可以挣多少钱。她拿出一支笔和一块小木板，认真计算起来，结果是 75 美分。“要是能采 10 夸脱呢？”她满怀希望地想着，“那我又能赚多少呢？”

“上帝呀！”她得出答案，“我能得到 1 美元 50 美分呢。我可以买回那条我向往已久的项链了，它就挂在镇上的服饰店里。”艾伦接着算下去，“要是我采了 50、100、200 夸脱，我会得到多少钱？哇，那样的话，我还可以给妈妈买一双袜子，给妹妹买些糖果……”她将一早上的时间都浪费在计算这些毫无意义的数字上，转眼已经到了吃午饭的时间，她只得下午再去采草莓了。吃过午饭后，艾伦急急忙忙地拿起篮子向牧场赶去，到那里时，发现大家早就把好的草莓都摘光了，只剩下一些还没有成熟的草莓。可怜的小艾伦最终只采到了一夸脱的小草莓，自然一切幻想都泡汤了。

如果你有一个梦想，或者决定做一件事，那么，你就应该立刻行动起来。如果你只想不做，是不会有所收获的。要知道，一百次的心动不如一次行动，一个实干者胜过 100 个空想家。不要将你的想法停留在空中楼阁的虚幻上，请马上付诸实践吧，让你的梦想尽快变成现实！

别把梦想推给明天

安妮是大学里艺术团的歌剧演员。在一次校际演讲比赛中，她向人们展示了一个最为璀璨的梦想：大学毕业后，先去欧洲旅游一年，然后要在纽约百老汇中成为一名优秀的主角。

当天下午，安妮的心理学老师找到她，尖锐地问了一句："你今天去百老汇跟毕业后去有什么差别？"安妮仔细一想："是呀，大学生活并不能帮我争取到去百老汇工作的机会。"于是，安妮决定一年以后就去百老汇闯荡。

这时，老师又冷不丁地问她："你现在去跟一年以后去有什么不同？"安妮苦思冥想了一会儿，对老师说，她决定下学期就出发。老师紧追不舍地问："你下学期去跟今天去，有什么不一样？"安妮有些晕眩了，想想那个金碧辉煌的舞台和那双在睡梦中萦绕不绝的红舞鞋，她终于决定下个月就前往百老汇。

老师乘胜追击地问："一个月以后去跟今天去有什么不同？"安妮激动不已，她情不自禁地说："好，给我一个星期的时间准备一下，我就出发。"老师步步紧逼："所有的生活用品在百老汇都能买到，你一个星期以后去和今天去有什么差别？"

安妮终于双眼盈泪地说："好，我明天就去。"老师赞许地点点头，说："我已经帮你订好明天的机票了。"第二天，安妮就飞赴到全世界最巅峰的艺术殿堂——美国百老汇。当时，百老汇的制片人正在酝酿一部经典剧目，几百名各国艺术家前去应征主角。按当时的应聘步骤，是先挑出 10 个左右的候选人，然后，让他们每人按剧本的要求演绎一段主角的对白。这意味着要经过百里挑一的两轮艰苦角逐才能胜出。安妮到了纽约后，并没有急着去漂染头发、买靓衫，而是费尽周折从一个化妆师手里要到了将排的剧本。这以后的两天中，安妮闭门苦读，悄悄演练。正式面试那天，安妮是第 48 个出场的，当制片人要她说说自己的表演经历时，安妮粲然一笑，说："我可以给您表演一段原来在学校排演的剧目吗？就一分钟。"制片人首肯了，他不愿让这个热爱艺术的青年人失望。而当制片人听到传进自己鼓膜里的声音，竟然是将要排演的剧目对白，而且，面前的这个姑娘感情如此真挚，表演如此惟妙惟肖时，他惊呆了！他马上通知工作人员结束面试，主角非安妮莫属。就这样，安妮来到纽约的第一天就顺利地进入了百老汇，穿上了她人生中的第一双红舞鞋。

有了梦想就要及时行动，一味地往后拖延只会让机会从你手中白白溜走。

王强是一位很普通的乡下孩子，因为没考上高中而来到城里做起了厨师学徒，和所有的年轻人一样，在工余时间也常去网吧里玩玩游戏。一次，他们正在一家网吧里上网，忽然间电脑系统出了故障，网吧里的人只能愣在电脑面前等着技术人员修好，但是足足过了二十来分钟还没有恢复，有的退钱走人，有些不想走的索性就坐在沙发上大发牢骚，老板安慰大家说："每家上网都会出现这样的情况，这是行业通病，没办法的！"说者无心，听者有意！王强心想，既然每家网吧都会出现这样的问题，那如果有一家能专门针对网吧的电脑维修公司，不是有很大的市场？

从那一刻起，王强对电脑的兴趣就从游戏转到了系统、程序上，半个月后，他把足足两个月的工资交到了一家计算机学校，开始学起了网页设计、办公软件等电脑知识。师兄师弟们纷纷在背地里取笑他说："一个连高中都没有上过的农村孩子，还想从事什么电脑行业，简直是痴人说梦！"王强的师傅也不止一次地提醒他认真学烧菜才是应该做的事情，甚至还因为他的两头忙而狠狠地批评过王强。但是这没有挡住王强追求梦想的决心，他心里面总是想着那个空白的市场，成立一家为网吧服务的电脑公司！

为了不让师傅责备，他尽量做到不迟到不早退，把所有学习电脑的时间都安排在业余时间里。因为勤奋和努力，他的电脑水平一直名列全校前茅。后来，一家私人企业到学校聘一位比较优秀的学员，学校很自然地推荐了王强。于是王强辞掉了厨师的工作，去了那家私人企业里上班。王强边工作边总结，电脑技术变得更加熟练，但半年后的一次，因为在工作中犯了个大失误而被厂家辞退了，王强一下子跌入了失业的深渊。

在自责和自省中，王强在网吧里找到了一份工作，从事网吧的系统维护、服务器、安装游戏、寻找页面、做网页设计，一年多的时间里，王强对网吧的流程、设备的维护、网络的管理等方面都了如指掌，于是决定辞职自己干。他打印了许多宣传单，给网吧做电影更新，给毕业学生们做些视频简历。可是当时大家对这种简历的认可度不高，而且费用也不低，坚持了半年鲜有顾客，只能关门大吉。就这样，王强第一次创业失败了。

这时，他那些做厨师的师兄师弟们非常善意地对他说："算了，心不要太高，好好做厨师吧！那些事情不是你这样的人所能做的！"

王强感谢师兄师弟们的关心，但并没有因此而改变自己的梦想。他觉得电脑已经越来越普及，各地的网吧更是如雨后春笋般冒出，而所缺少的正是他这类拥有专业技术的人。王强再次打印了一些宣传单，挨家发给一些网吧，又从朋友那里借来电脑、硬盘和其他一些专业工具，最后到旧货市场买了一张旧写字台，就成立了一家小型网络公司，并且采用了免费试用来吸引客户。没多久，一家网吧老板试用了他的服务，一周后，老板决定用 4000 元一次性购买他的电脑网络系统维护产品。

得到这家网吧的认可，不仅使他做成了第一笔生意，更为他打造了一个业务示范模本，就这样，第二家、第三家紧接而来。

十年时间过去了，当初的小厨师如今已经成为一家大型网络公司的老板，办公地点也从出租房移到了写字楼，技术队伍更发展到了 30 多人，能从事多项网络技术，每年的利润就能达到几十万元。目前，王强又把客户范围延伸至企事业单位的电脑、网络维护、网络安全管理等。对于将来，王强打算在附近的地区陆续开设分公司，努力成为网吧行业的最大网络公司。

人生在世，芸芸众生，我们都是有梦的人。然而，面对生活，我们却习惯性地把梦想推给“明天”，推给无数个借口。于是，梦想就在这日复一日的借口、推脱中被我们磨平、消耗掉了，面对生活，面对曾经的那些梦想，只能徒留遗憾。

有梦的人生是绚烂的。梦想是对现实生活的一个美好愿望，是给自己人生设立的一个目标，让人前进的动力。然而，光有梦想的人生却是虚无的，只有梦想，却无行动来支撑的梦想无疑是纸上谈兵般的不切实际。

古希腊哲学家德谟克利特说：“一切都靠一张嘴来谈理想而丝毫不实干的人，是虚伪和假仁假义的。”唯有做到理想与行动二者合一，才有可能让梦想变为现实。

所以，有梦的人生是好的，但要记得在描绘梦想蓝图的过程中带着行动上路。